U0919276

新国门

文化大兴之优秀传统文化

DAXING

中国共产党北京市大兴区委员会宣传部◎主编

中国纺织出版社有限公司

内 容 提 要

本书深挖大兴的优秀传统文化，从优秀传统文化的基础、构成、特征、现象等方面入手，并就大兴的优秀传统文化载体——如历史名人、古村镇古街道、民间花会、民间文学等方面展开详细论述，从多个角度展示了大兴源远流长的历史文化。这些优秀传统文化值得继承和发扬，是新时代大兴区文化建设的重要构成部分。

图书在版编目（CIP）数据

新国门·文化大兴之优秀传统文化 / 中国共产党北京市大兴区委员会宣传部主编. --北京：中国纺织出版社有限公司，2021.11

ISBN 978-7-5180-9078-5

Ⅰ.①新… Ⅱ.①中… Ⅲ.①地方文化－研究－大兴区 Ⅳ.①G127.13

中国版本图书馆CIP数据核字（2021）第223744号

策划编辑：李满意　　责任编辑：李满意
责任校对：王蕙莹　　责任印制：王艳丽

中国纺织出版社有限公司出版发行
地址：北京市朝阳区百子湾东里A407号楼　邮政编码：100124
销售电话：010－67004422　传真：010－87155801
http://www.c-textilep.com
中国纺织出版社天猫旗舰店
官方微博 http://weibo.com/2119887771
北京华联印刷有限公司印刷　各地新华书店经销
2021年11月第1版第1次印刷
开本：710×1000　1/16　印张：17.75
字数：214千字　定价：98.00元

本书编委会

中国纺织出版社
有限公司官方微博

中国纺织出版社
有限公司官方微信

总序

党的十九大报告指出，文化兴国运兴，文化强民族强。文化是一个国家软实力的主要内容，也是一个城市、一个地方展示形象和影响力的重要标志。文化是血脉和遗传基因，是传承延绵的精神血脉和形成精神归宿感、认同感的纽带。

大兴区位于永定河东岸，北京的南部，是首都的南大门。大兴前身为古蓟县，自秦置县，金贞元二年（1153）定名大兴，史称“天下首邑”。大兴历史悠久，人文底蕴厚重：燕上都筑幽州台礼贤下士，秦汉隋唐扼守通衢要冲，“五朝”皇家猎场，明清皇家苑囿，上林苑聚合凤河明清移民，永定河水滋养农耕文明……沧桑岁月，时代变迁，如今的大兴更是“顺势而为、应势而动、乘势而上”，打造品牌，培育文明，勃发生机，成为首都古都、红色、京味、创新文化的重要组成部分。

大兴，以襟纳四海的气度，凭后发优势的潜力，紧紧围绕新国门建设，脚踏实地，真抓实干，跨上了高质量规划引领、高质量跨越发展的快车道。国家发展新动力源加速释放，经济发展速增质优，城乡发展迭代更新，环境质量显著改善，民生保障持续加强，改革创新破除壁垒。作为京津冀协同发展的中部核心区，坐拥新机场，毗邻副中心，辐射京津冀，联通“大雄安”。随着大兴国际机场的建成投运，实质性启动临空经济区、自由贸易试验区、综合保税区建设，一个全国唯一享受双自贸和服务业扩大开放的新大兴正在加速发展中。

文化是一个地区的发展之魂，经济社会发展的软实力之基。通过文化营造引领，形成大兴特色的理论氛围、舆论氛围、文化氛围和社会氛围。打造地域文化名片，塑造了大兴“永定河怀抱的骄子”的整体文化形象、主体文化形象、特色文化形象和标志文化形象。

“十四五”蓝图徐徐开启，大兴区牢记习近平总书记“要把大兴建设好”的嘱托，围绕优传统文化特色中心、中华民族优秀文化展示中心、国际文化交流交往中心和文化创意产业中心建设，通过文化资源、公共文化服务，不断丰富公共文化服务新模式，以人民美好生活为导向引领文化建设，推动优秀传统文化创新，增强和彰显中华文化自信，不断提高地区文化软实力和新国门文化影响力与传播力。不断提高“新国门·新大兴”文化的内聚力、吸附力和影响力。

源浚者流长，根深者叶茂。细致梳理大兴的文化资源，总结归纳大兴的文化特征，是摆在我们面前的一项重要任务。为此，大兴区委宣传部组织编写了《新国门·文化大兴》系列丛书。丛书旨在理清大兴文化发展脉络，挖掘深厚的文化底蕴，提升文化软实力，为大兴的发展凝聚强大的精神力量，丛书编委会组织了区文化和旅游局、区融媒体中心、区委党校、区科委、区文联的专家学者组成写作团队，历时三年，本着严谨客观的治学态度，做到客观求实，尊重历史、资料准确，多视角、全方位地展现了大兴区优秀传统文化、红色文化、生态文化、创新文化、馆藏文化，并以视觉表现方式，推出《新国门·文化大兴》画册，努力呈现新国门视域下的新大兴，使之形成一套综合性、历史性、权威性、时代性的文化读物。

大兴是一片美丽神奇的土地，拥有“林中有飞鸟、水中有游鱼、四季有美景”的独特生态景观和深厚的文化积淀。现在，乘着改革创新的强劲东风，大兴区越来越热情地展现出她那动人的形象和诱人的魅力。该书的出版是深入研究大兴文化资源的历史和现实价值的重要举措，对于推进大兴文化的大发展、大繁荣必将起到积极的推动作用。

紧抓“两区”建设重大机遇，聚焦现代化平原新城、首都发展新的增长极、繁荣开放美丽新国门建设，大兴区未来发展的宏伟蓝图正一步步变为现实，愿《新国门·文化大兴》丛书带您走进新大兴，愿新大兴进一步走向世界！

中共大兴区委宣传部
2021 年 8 月

前言

孔子曰：逝者如斯。逝去了就成为历史。

有人的地方就有社会，有社会的地方就有文化，对于一个地区来说，在逝去的时间里产生的文化就是历史文化。历史是一个漫长的过程，文化产生于社会，文化积累同样是一个漫长的过程。

大兴区原是北京市所辖的一个郊区县。在清代康熙年间大兴县令张茂杰所著的《大兴县志》中有这样的记载：大兴，实属天下首邑。

邑为小城，后来被用作县的代名词。“天下首邑”是说大兴是天下第一县。这里边既有些自得的成分，同时也有自己的根据。自元代开始，历经元明清，大兴与宛平分治京城，为依郭京县，大兴在京城的左边，按照中国人的习惯，左为上，再加上大兴、宛平这两个县的县令为正六品，说大兴是“天下首邑”也不算为过。以此作为节点，到金贞元元年，金海陵王将北京定为中都，将析津府改名大兴府，再上溯到西周初期武王将蓟分封给召公奭，如此算来，大兴的历史已3000多年。

3000年对于历史的长河来说不过是弹指之间，但这期间在这片土地上却有着太多的风云变幻。燕昭王设招贤馆，筑黄金台，为了燕国的复兴大业广招人才；汉末，公孙瓒筑回城；西晋张华作《鹪鹩赋》，一展才华；唐末安史之乱、清军入主中原；抗日战争时期，佟麟阁、赵登禹率部抵御外辱，热血报国……一桩桩、一件件，有的载入史册，有的街头巷尾广为流传。这就是历史，是屈辱的历史，也是光荣的历史，辉煌的历史。

走在大兴的土地上，古迹随处可以看到：芦城汉代土城的残迹，张华村出土的西晋井栏，元代的无碍禅师塔，明清时期的清真寺，“保卫神京”的木匾，德寿寺记录达赖、班禅觐见大清皇帝的石碑……后人看不见历史，但站立的石头会说话，残破的砖瓦中有我们需要的信息，透过这些，后来人会感受到历史的温度。

时间变化，朝代更迭，大兴作为一个行政单位，其辖域范围也在不断变化。早期的大兴管辖京城中轴线以东的地区，现在的东城区、朝阳区、顺义区、昌平区一部、丰台区一部，均为大兴管辖。这个时期大兴的县衙在东城的教忠坊，有一条胡同专门命名为“大兴胡同”。其文化与京城文化紧密相连，是京城文化的重要组成部分。南部地区虽也有一些村庄，但主体文化还是属于京城的。文人文化、政治文化、市井文化是大兴文化的主流。

清中期以后，特别是中华人民共和国成立后，大兴的辖区发生了重大变化。先是划归河北省管辖，后又划回北京，名称也由大兴县更名为大兴区。今日大兴包括原大兴的农村部分，宛平县的东部地区，古东安县的西部地区；还有大兴南部永定河北岸的25村原为河北省固安县管辖，1958年划归大兴。原大兴的城区部分分属东城、朝阳、丰台，从这一变化看，清中期以后大兴的历史文化中村落文化占据了主体。

一方水土养一方人，一方人造就一方文化。大兴位于永定河冲积平原，这里是农耕文化与草原游牧文化的交融区。从契丹族到女真族（满族），大兴的文化在融合中发展，在碰撞中融合，在诸多方面留下了游牧民族的印记。但儒家文化一直占据着主体地位，在大兴的历史文化中儒家文化根深蒂固，仁义礼智信，礼义廉耻，中庸思想等一直扎根于其中。

大兴地区属于燕赵文化圈，“燕赵自古多慷慨悲歌之士”。这是唐代大文学家韩愈对这一地区风气的总结。“忠厚传家久，诗书继世长”，这是过年时许多人家大门上的楹联。民风朴实，崇文尚武，敬畏各方神灵。大兴的历代先民，本分，近似于木讷，日出而作，日落而息，在天灾、水患等各种灾害中顽强地生活着。赶庙会、挂红灯，唱大戏，这些是难得的精神盛宴。爱面子、讲人情，婚丧嫁娶，在团结互助中过着一个又一个平淡的日子。

历史由人来书写，过去的日子就是历史，今天就是明天的历史。文化是由人来创造的，鲜活的文化主要留存民间，一代又一代先人流传下的文化活在当下，活在民间。

2013年12月12~13日，习近平总书记在中央城镇化工作会议上指出："让居民望得见山、看得见水、记得住乡愁。"乡愁是什么，乡愁就是印在我们心里的传统，是祖先留给我们的灿烂的文化。

对于中国来说，大兴是一个小地方；对于源远流长的中国历史文化来说，大兴的历史文化不过是长河中的一朵浪花。党的十八大以来，习近平总书记对于继承和发扬中国优秀传统文化作了诸多论述，全国各地近年来都以不同形式加大了本地区历史文化的挖掘与保护力度。这是一件可喜可贺的事，是功在当代、利在千秋的事，是树立文化自信的具体表现。

大兴位于首都北京的南部，是离城区最近的一个郊区，历史悠久，底蕴深厚，是北京文化的重要组成部分。充分做好大兴的历史文化挖掘工作对于北京国际化大都市建设具有重要的战略意义。能够从事这项工作是历史赋予我们的一项重要责任，是新时代为我们提供的一个重要机会，机会与挑战并存，责任与担当并重。

挖掘整理本地区的优秀传统文化，要面对复杂的问题。这一地方的文化资源，呈现散落化、隐形化、基因化的特征。造成这种情况的原因有三：一是当前的行政区划分，一定程度上阻碍了对传统文化的形成和演进线路的系统化认知和整合；二是随着时间的流逝，很多文化信息被掩埋在黄沙下，存储在历史典籍、地方志、出土文物中的信息零散化、碎片化，甚至不同资料之间还相互矛盾；三是随着人类知识体系的日益专业化和细分化，往往某一个专业系统、某一种类型的专家研究并不能呈现某一类资源背后的文化信息全貌。这就需要我们通过跨学科的协作与努力，在查阅资料的同时多进行实地勘察，把这些散落的、隐形的文化信息重新梳理出来、挖掘出来，通过历史文脉和历史叙事的梳理，把大兴地区内在的文化精神提炼出来。

一方水土孕育一方文化，一方文化影响一方经济、造就一方社会。在中华大地上，不同社会结构和发展水平孕育了不同特质的地域文化。文化是有个性的，文化的个性基于它所赖以生存的地域。对于大兴优秀传统文化的整理与挖掘就是要找出其个性化的东西，其具有独特历史性、地方性的东西——那些深深镌刻在人们心里的印记。

一个时代的文化表达方式，往往显示了这个时代的文化特色。当前，大兴跃上了高速发展的快车道。风生水起看大兴，优秀的传统文化为大兴的发展注入了源源不断的动力。这是中国传统文化的精华，也是大兴传统文化的精华。

我们不薄古，但我们也不被古人所禁锢。文化遗产融入当代生活，优秀的传统文化因为我们而发扬光大。

本书课题组

2021年10月

第六章　大兴优秀传统文化的载体——记忆遗存

第七章　大兴优秀传统文化的载体——传统花会

第一章　大兴优秀传统文化的基础

第一节 宝地大兴 天下首邑

一、秦时建制的文明古县

（一）大兴的历史可以追溯到周

大兴的历史可以追溯到周。公元前 1045 年，周武王灭商后，分封同姓

北京市历史图：商周时期[1]

---

〔1〕该图及后续一直到清代的北京市历史图，由北京市大兴区文物所提供，特此说明。

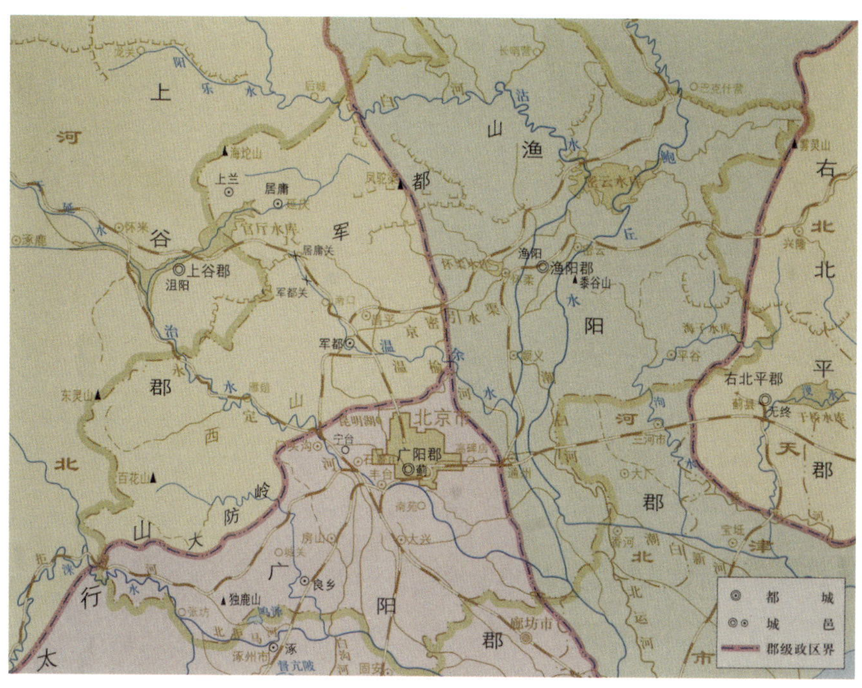

北京市历史图：秦始皇三十七年（前 210）

北京市历史图：西汉元史二年（2）

贵族召公奭（shì）于北燕，建立燕国，都蓟城。古燕国的范围主要包括现今北京、天津、廊坊、唐山、承德、张家口等地。也就是说从那时起，今北京地区就成为周朝北方地区的重要诸侯国，战国时期燕为“七雄之一”。

召，同邵。《广韵·笑韵》中记载：“邵，邑名，又姓。出魏郡。周文王子邵公奭之后。寔照切。”《集韵·笑韵》中记载：“邵，《说文》：‘邵，晋邑也。’或省（作召）。”《通志·氏族略三》中记载：“召与邵一氏，而后世分为二。”《玉篇·口部》中记载“召，音邵。”召邑，在今陕西省岐山县西南。

召（shào）公，姓姬，名奭，卒谥康，故又称召康公，西周宗室，与武王姬发、周公姬旦应属同辈。一说是周文王之子。

唐代司马贞《史记索引》：“召者，畿内菜地。奭始食于召，故曰召公。或说者以为文王受命，取岐周故墟周、召地分爵二公，故诗有周召二南，言皆在岐山之阳，故言南也。后武王封之北燕，在今幽州蓟县故城是也。亦以元子就封。而次子留周室代为召公。至宣王时，召穆公虎其后也。”周武王时，封地在召，故称召公；武王灭商以后，又封其于燕地，故召公是燕（yān）国的始祖。他派长子姬克去治理，自己仍留在镐京辅政。成王时，为三公之一的太保，与周公分陕而治。

召公是西周时与周公同等重要的开国人物，同周公一起护卫武王灭商：“周公把大钺，召公把小钺。”（《史记·鲁周公世家》）他也是西周参政时间最长、年龄最高的一位杰出政治家、军事家和外交家。召公历经文王、武王、成王、康王四代，不仅策划参与了武王、成王时期的克商战争、营造洛邑、征伐东夷等重大历史事件，而且多次巡行南国，布文王之教化，为开创和巩固周王朝800年基业，建立了卓著的功勋。周公死后，他还兼司寇，除监护年幼的成王外，还主管教化和司法，并著有《尚书·召诰》和《诗经·卷阿》等。周康王二十六年（前1053），召公去世，谥号“康”。因其早先封地于北燕（今北京），故又称燕召公。

（二）秦汉时期，大兴为华北平原向山区过渡的重要缓冲地带

秦汉时期，大兴地域为华北平原向山区过渡的重要缓冲地带，同时也是游牧和农耕两种文化的结合区，在北方游牧文化与中原文化互相影响的过程中，这里逐渐发展成为秦汉时期地方政权的重要地带。公元前221年，秦始皇统一六国。在原燕国的都城蓟及其以南地区至燕下都（今河北易县）一带，新置广阳郡，以燕国旧都蓟为治所。

（三）大兴地域旧时是燕国都城南部的重要腹地

大兴地域旧时是燕国都城南部的重要腹地，秦时也随蓟一并划入新广阳郡范围。此时蓟虽已不再是诸侯国的都城，但仍是旧燕国地区的政治、军事和经济文化中心。汉灭秦后，改广阳郡为燕国，辖大兴区域。公元前73年，汉宣帝即位，在秦广阳郡的基础上建广阳国，以蓟为都城。王莽篡位后，改广阳国为广阳郡，改蓟为伐戎。东汉时恢复西汉旧制，但此地划归幽州，以蓟为驻地。两汉时期是全国各民族的大融合时期，广阳郡就成了中国北方地区中原与匈奴、鲜卑、乌桓等民族的文化、经济与军事的交融地。

二、幽州重镇的中心腹地

（一）魏晋南北朝三时期，大兴地域是幽州政治、经济、文化及军事的中心腹地

在魏晋南北朝十六国将近400年的时间里，大兴的地域一直跟随着蓟城的变动，成为幽州政治、经济、文化及军事的中心腹地。

幽州，古代行政区划，据《周礼·夏宫》载，天下分扬州、荆州、豫州、青州、兖州、雍州、幽州、冀州和并州九州。《春秋纬元命苞》云："箕星散为幽州，分为燕国。"言北方太阴，故以幽冥为号，为古九州及汉十三刺史部之一，也是隋唐时北方的军事重镇、交通中心和商业都会。

（二）隋唐时期，幽州是北方的军事重镇、交通中心和商业都会

隋唐时，幽州是北方的军事重镇、交通中心和商业都会。

隋唐时，幽州东夷都护府的军事地位十分突出。隋炀帝在涿郡筑临朔宫作为行宫，大业七年（611）后三次用兵高句丽，都以涿郡为基地，集结

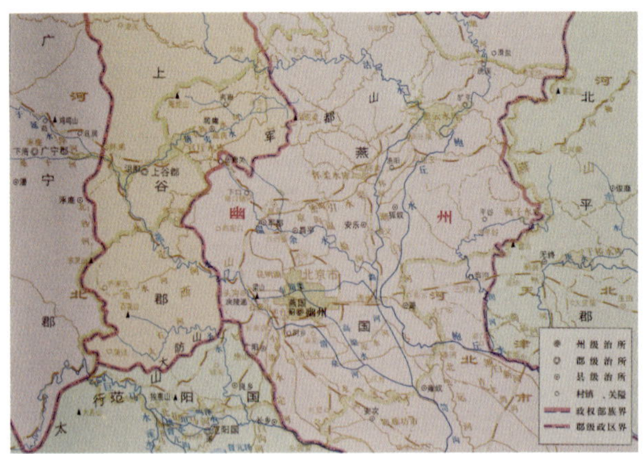

北京市历史图：西晋建兴四年（316）

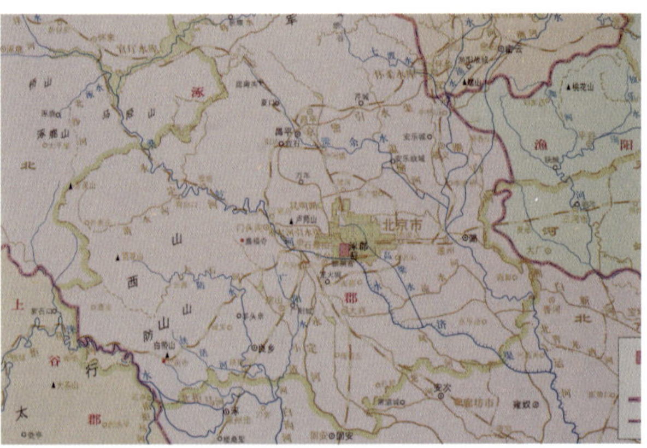

北京市历史图：隋大业十三年（617）

北京市历史图：唐开元二十九年（741）

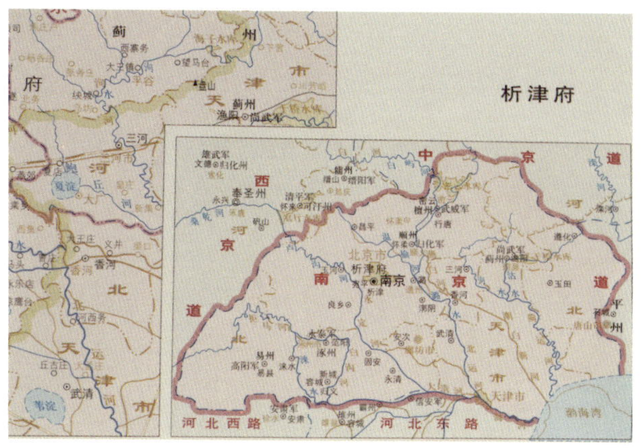

北京市历史图：辽太平元年（1026）

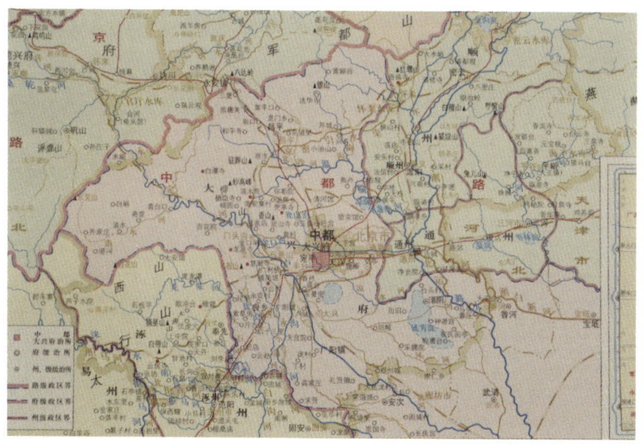

北京市历史图：金大安元年（1209）

北京市历史图：元延佑三年（1316）

兵马、军器、粮储。

天宝末，安禄山身兼范阳、平卢（治柳城郡，今辽宁朝阳）、河东（治太原府，今山西太原西南晋源镇一带）三镇节度使、河北道处置使，即以范阳为根据地，发兵反唐，掀起“安史之乱”。

乾元二年（759）史思明自立为燕帝，以范阳为燕京。广德元年（763）改范阳节度使为幽州节度使，史朝义部下李怀仙降，唐朝即授其为幽州节度使。时平卢已没于北族，唯存平州（今河北卢龙），平州城内驻有卢龙军，幽州节度使遂兼领卢龙节度使。此后或称幽州，或称幽州卢龙，或只称卢龙。幽州为“安史之乱”后长期不奉朝命割据一方的河北三镇之一。直至五代后梁乾化三年（913）十二月为晋王李存勖所灭，割据达150年之久。

（三）辽宋金元时期，大兴的地位不断上升

公元936年，后晋的石敬瑭卖身投靠契丹，并把包括今河北与山西两省北部的幽云十六州割让给契丹，从此契丹民族的势力开始深入中原地区。幽州也从以往中原王朝抗击北方少数民族的前沿阵地变为北方民族侵占中原的前哨。随后契丹把幽州升为五京之一的南京，也称燕京，府名幽都，开泰元年（1012）改称析津府，军号卢龙，统辖澶、顺、涿等六州和析津、宛平等十一县。辽时期大兴大部分地区属析津县管辖，最南部属涿州管辖。

宣和四年（1122），北宋与金联合灭辽，天祚帝西走云中。宣和五年（1123），北宋从金人手中接过被扫荡一空的辽南京，改称燕山府。经北宋历时三年的惨淡经营后，金于宣和七年（1125）以败盟纳叛为借口南伐北宋，幽燕地区从此归入金人手中。金占领燕山府后，更名为南京。大兴地区隶属燕山府，从此纳入金人的势力范围。贞元元年（1153），金海陵王正式下诏迁都，改南京为中都，改析津府为大兴府，在今大兴地区设广阳镇。

辽宋金元时期，幽州地区的政治地位开始逐步提升，从辽代的五京之一到金代的首都，元代更是一跃成为全国的政治、经济和文化中心。大兴地区作为京畿属县，担任着都城的保卫以及补给的重要任务。

贞祐二年（1214）五月，蒙古大军占领金中都。连年的战争使中都遭到了毁灭性的破坏，民不聊生。蒙哥即汗位后，建立了燕京等处行尚书省。

至元元年（1264），元世祖忽必烈把燕京改为中都，府名仍旧作大兴。

三、历经三代的“天下首邑”

（一）大兴在明清时期是京师的重要组成部分

大兴在明清时期是京师的重要组成部分，洪武元年（1368）八月，明军队攻入元大都，把大都改称为北平府。今大兴区西部为宛平县东南部地区，中东部为大兴县南部地区。朱元璋封朱棣为燕王，镇守北平。永乐元年（1403），改北平为北京，改北平府为顺天府。永乐十八年（1420）九月，明成祖朱棣下诏改京师为南京，北京为京师，次年正月，正式迁都北京。大兴也在此后明朝200多年中隶属顺天府，成为大明王朝的核心地带。

崇祯十七年（1644），闯王李自成攻克北京。同年五月，摄政王多尔衮率清兵占领北京。十月，顺治帝抵达北京，宣布“定鼎京师”，即以北京为清朝首都。顺天府州县设置与明朝大致相同，没有大的变动。因此，清康熙《大兴县志》记载：“大兴得名，实自金始，历元明不易。”至今已有860年的历史。

大兴的县衙位于北京城内，这是与其他各县最大的不同，也是其独特的历史文化成因。金灭辽以后，在金贞元二年（1154），把析津县改称大兴县。大兴之名，寓意疆域广阔、兴旺发达。这时的大兴县治所设在金中都城的东部，“西至旧城施仁门一里”，即在今北京西城区（原宣武区琉璃厂海王村）。一直到元朝末年，大兴县的治所一直没有变动。公元1368年，朱元璋的军队攻占了元大都，建立了大明王朝，把元大都城改名为北平城。明朝洪武三年（1370），在北平城东部教忠坊“创盖”了大兴县衙署，就在今东城区交道口南大街大兴胡同中部北侧。大兴县下设三个巡检司，分别在采育、礼贤和黄村设有官署。从明朝初年到1935年，大兴县的治所一直设在这里，管辖北京城的东半部及东郊和城南、城北100多里的区域。这里从中华人民共和国成立前上溯至明洪武三年（1370），曾作为大兴县署驻地长达565年。

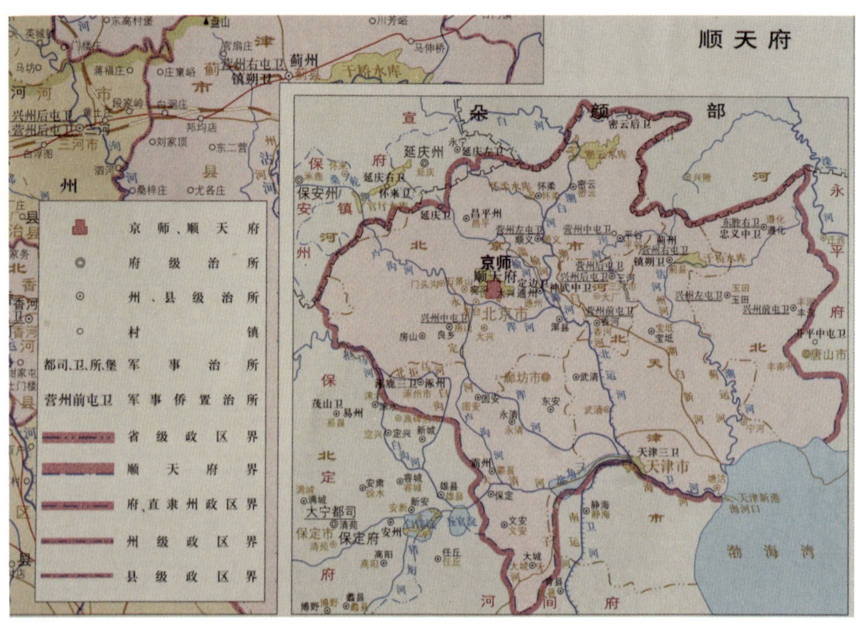

北京市历史图：明万历二十一年（1593） 顺天府图

北京市历史图：明万历二十一年（1593） 顺天府位置图

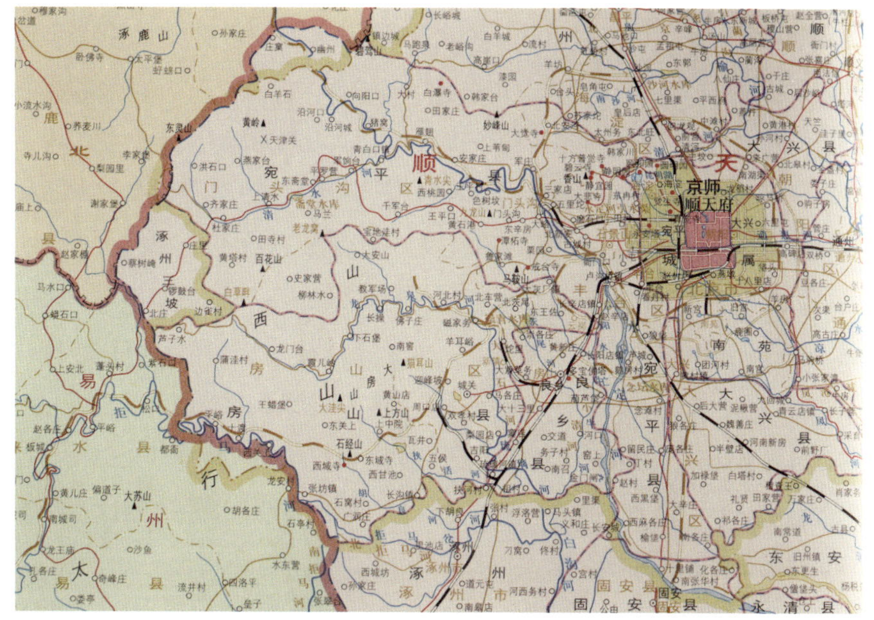

北京市历史图：清光绪三十四年（1908）　顺天府位置图

（二）大兴是名副其实的“天下首邑”

大兴是名副其实的“天下首邑”，这一提法是清康熙年间的大兴县令张茂节在《大兴县志》上提出的，该书于康熙二十四年（1685）十二月，刊刻成书。这部《大兴县志》是全面记述大兴历史、地理、文化、社会风貌的综合性史书。

清代顺天府府尹直辖有两个县，京城东为大兴，京城西为宛平。大兴、宛平虽均为京郭县，但按中国的传统观念，左为上，右为下，大兴便有了“天下首邑”的称号。传下来的北京老话说“皇帝坐在金銮殿，左脚踩大兴，右脚踩宛平”，则更加形象地说明了大兴和宛平两县的所处位置。直到清末，大兴、宛平两县均隶属于京师，这就是所谓“赤县不改”。

大兴被称为“天下首邑”除政治原因外，还有一个更重要的原因，那就是疆域广大，地理位置重要。清代，“大兴”的地理位置并不在北京西南，而在北京城的东部。《清史稿·地理志》中明确记载：“大兴，冲、繁、疲、难，倚府东偏。”这里大略记述了大兴在当时顺天府东部的位置。北京市社科院曹子西先生主编的《北京通史》在第七卷叙述清代北京“行政区划和建制”时，则依据晚清著名学者缪荃荪《顺天府志》的记述，清晰地勾画出了清代北京城所属“大兴县”的地理区划，即：“东除城属八里外（‘城属’意为京城所辖范围，以下均同），至通州界，十二里；西无管辖，系宛平属；南除城属二十四里外，至东安县界，七十一里；北除城属一十二里外，至昌平州界，二十三里；东南除城属三十七里外，至东安县界，五十里；西南除城属二十里外，至固安县界，七十四里；东北除城属十里外，至顺义县界，三十五里；西北除城属十二里外，至昌平州界，十三里。东西广二十四里，南北袤一百七里。”这里，明确指出了当时大兴的地理位置，这一范围不仅包括今天的大兴地区，还包括东城全部、朝阳大部，顺义以及通州、昌平一部分地区。清康熙中期，大兴县辖域东西约计150里，南北约计150里，共23250平方公里，合5812.5平方公里，是大兴县疆域最广阔之时，而且人口密集，着实为拱卫京城的重要地区。

从军事职能上讲，大兴还是军事重地，历史上的许多战役也发生在这里。明清时期，大兴县衙署设有兵房，专司兵差事务，境内历来都有地方武装。1449年7月，明英宗征讨北方少数民族瓦剌，8月兵败被俘，10月瓦剌率部挟持英宗攻打北京。瓦剌兵300余人至上林苑监蕃育署（今采育镇）大肆抢掠。兵部尚书于谦率京师兵马将瓦剌兵击退。1629年11月，后金兵屯于南海子，并从南海子出发进攻京师南城。明将袁崇焕多次派兵偷袭后金军于南海子，12月，后金军撤退。1900年五月初八，义和团为阻止八国联军由天津运兵进京，将黄村火车站烧毁。同年8月25日，驻黄村日军袭击庞各庄、东西黑垡一带义和团，义和团奋起抵抗。同年，南苑地区义和团与美军在大粮台及七股道地区开战，战斗十分壮烈。

在民国时期，无论是直皖战争还是直奉战争，大兴都是局部战场。抗日战争时期，佟麟阁、赵登禹在团河、南苑一带与日军交战，两位英雄壮烈殉国。

大兴作为附郭京县，政治活动频繁，战略地位十分重要，文化名人辈出，“实为天下首邑”，形成了独特的“首邑文脉”。

第二节
物华天宝　人杰地灵

一、多重显著的历史职能

（一）优越的地理位置，催生了北京大都市的发展

中国是传统的农业大国，从地理位置上看，国都和大城市的选址大多在大河的冲积平原上。因为只有农业发达的河流平原，才能提供充足的人力和物力，供养首都，为实现其在政治和军事上的控制而聚集的大批官吏和军队。也只有位于大平原的河流，才能成为交通便利的水陆运输融合点，才能在全国政治、军事、经济、文化上形成举足轻重的优势，甚至影响全国。

农业文明发展到一定阶段后，随着北方少数民族的日趋强大，都城选址的经济驱动力逐渐减弱，换之以政治和军事力量的影响力不断增强。在此基础上，北方军事重镇北京的地理位置的重要性日益显现：一方面，它位于永定河冲积扇平原上，北靠燕山、西倚太行，南面是一马平川的华北大平原；另一方面，这里是草原文明与农耕文明的结合部。自燕蓟以来，北京就成为中原统治者在北方的政治和军事中心。

（二）农牧产品交换，促进了交流与融合

汉代的蓟城已经成为中原和北部高原、华北平原间经济贸易、物资集散的区域中心。牧业产品与农耕产品的交换，带动汉族与北部及东北部少数民族的交流与融合。

蒙古族的帐篷

元朝统一整个中国疆域以后，北京作为第一个少数民族统一全国的国都，少数民族与汉族的冲突与融合达到高潮，至明清相继建都于北京，乃是中华民族国家统一、民族融合的必然。

元朝是以少数民族文化统治中原汉文化的先例，其后的清朝政府具有同样的性质。对于以少数民族统治汉民族的统治者而言，在接受汉族文化的同时，更需要的是加强政治统治以巩固其政权。北京所特有的自然与人文空间的过渡性，一方面能够作为游牧民族收放自如的根据地，另一方面还可以有效地聚集汉族或其他民族的官吏和军队，使之因其统治中心的多样性而满足统治的各种需要，这就使得大兴的历史职能具有了多重性。

二、多元融合的地域特点

（一）大兴文化底蕴深厚，地域特点鲜明

大兴是永定河的冲积扇造就的“小平原”，有着深厚的文化底蕴，具有鲜明的地域特点。大兴西部、南部地区以永定河流域文化为特征，这一

地带历史上曾属河北省管辖，与河北北部的文化特征比较接近，并有许多相通之处。中部和东南部是以大小龙河、凤河流域文化为特征，这一地区处于大兴的中部，大部分居民的祖先是明朝初期从山西移民过来的，有许多山西文化的痕迹。北部是以团河行宫为中心的皇家苑囿文化特征，团河行宫是南海子里的一座清代皇帝的行宫，南海子是明清时期重要的皇家苑囿。这里的居民很大一部分是为皇帝看守苑囿的海户和士兵及其后裔，部分村落是满族聚集区，在生产生活方式上保留着满族文化的影子。还有一些村落是山东省和河北省河间一带的移民。这些不同文化区域相互融合、相互补充，没有一定的界限，但又有一定的区别。在此基础上形成的地域文化遗产，有的是从历史上传承下来的，有的是从外地移植过来的，有的是在新的形势下独创的，最终逐步形成具有浓厚地方特色的大兴文化特色，即：相互包容，和谐共处。

（二）大兴具有京畿重地的政治职能

从政治职能上讲，大兴不仅横向融合了多民族文化，纵向兼具悠久的历史文化，而且在历史发展的历程中，围绕着政治中心点，逐渐具有了京

清　郎世宁　《乾隆南苑狩猎图》

大兴胡同

畿重地的政治职能。

大兴区内的南海子是元明清时期京郊最大的皇家苑囿，是封建帝王临憩、行围、大阅兵的重要场所。其中晾鹰台位于南海子南部，建于元代，清康熙、乾隆皇帝曾分别邀请新疆西域少数民族人士在此观看威武雄壮的阅兵仪式。德寿寺，建于清顺治十五年（1655），位于旧衙门行宫南侧，顺治、乾隆两位皇帝曾分别在此处接见西藏宗教领袖五世达赖喇嘛和六世班禅·额尔德尼，今存于旧宫村内的德寿寺碑所刻碑文，专门记述了这两次重要的国事活动。团河行宫遗址位于黄村镇东2.6公里处，地处南海子南端，建于乾隆四十二年（1777），是南海子四座行宫中唯一有遗址保存下来的行宫。不仅是皇帝休闲、打猎、娱乐之处，而且是其理政的地方。它是乾隆皇帝致力于满汉文化融合，与王公大臣研习汉文化的重要场所，寓含了大量的历史文化，尤其是宫廷文化。

三、文化底蕴深厚　影响深远

（一）自元代起，北京文化具有开放与包容的特性

北京确立其全国政治中心地位始于元朝。1271年，忽必烈废弃“蒙古”国号，定国号为“大元”，将国都定在燕京（今北京）并改称“大都”。元定都北京的一个重要意义是使中国的政治、文化的中心转移到北方，打破了宋代以前历代大一统王朝将国都定在中原腹地长安、洛阳或开封的局面。元代面对多元的形式：不同的种族共居，不同的生活方式并存，

不同的宗教与文化并容，这就要求统治者必须具有开放与包容的意识，体现在文化上也是较大尺度的开放与包容。

由于元代文化政策的宽松，文人写作百无禁忌，有充分的创作自由，这使元代文学具有表达直白、无忌讳等特点。元代是戏曲的黄金时代，大都这块经济繁荣、文化昌盛、词曲风靡的腹里之地，吸引了四方名伶来此作场，所以当时曲坛巨擘（bò）辈出、勾栏名伶荟萃，成就了大都在中国戏曲史上的特殊地位。因此，胡适认为中国古代文学到了元代算是发展到顶峰了。

晚明时期，连续不断的农民起义和东北满族的崛起让统治者自顾不暇，社会风气日益开放，一批敢于冲破封建礼教、提倡新思想的知识分子崇尚个性自由、提倡男女平等，产生了一大批优秀的作家与作品。

清朝在北京建都近 3 个世纪，其间，这里成了满洲民族（后简称满族）首要的聚居地，并在京城实行了旗、民分城居住之策。大致相当于今日东城区、西城区的内城，只许满洲八旗、蒙古八旗和汉军八旗的将士及家眷居住，原住内城的汉、回等其他民族百姓，被迁至京师外城——大致相当于原崇文、宣武两区。严苛的八旗制度，把世代的旗人无例外地圈定在当兵吃粮饷的唯一人生轨道里，禁止他们从事其他一切职业，不许做工、务农、经商，这虽然有助于政治基石的牢靠，但也在相当程度上防止了旗人与民争利，造成了八旗下层的日益贫困化。起初，上层有闲子弟多在琴棋书画等较为书斋式的领域里展露才华，而下层穷苦旗人则往往到吹拉弹唱等文娱形式里寄托时光。后来，贵族阶层在艺术生活方面的世俗化走势，也一天天更加鲜明。全民族生活

清代进士木匾

的“艺术化”倾向，后来竟至于把这个原本饱含尚武精魂的民族，改造成了一个文化气息十足的群体。

大兴自元代起为京县，与宛平分治京城，在这近800年的时间里，可以说，大兴的文化就是京城文化的代表。

（二）古代大兴 教育发达

因为特殊的地理环境和政治地位，大兴在教育事业上也有较为突出的体现，亦具规模。明清时期，全国最高等级的考场在今建国门内路北举行，至今，“贡院西街”的地名还证明着几百年的科举史；全国最高等级的学府则在国子监街，太学和孔庙并立于街北，那是北京牌楼最密集的胡同——四座伟岸、漂亮的牌楼贯穿西东。明代大兴县学延续到今天，几易其名，但始终是教书育人之所，为全国校龄最大的学校之一。20世纪初，北京又成为创办新式学校最早最多的城市，1898年建立了京师大学堂（北大前身），1908年建立了京师优级师范学堂（北师大前身）和女子师范学堂，1911年建立清华学堂，其后又有辅仁大学、中法大学等一大批新式大、中、小学以及北平艺专等艺术、体育专门学校，影响所及，遍于华人世界。

府学胡同小学是北京历史最长的学校，它最初是明代的大兴县学，后又称顺天府学，从明洪武二年（1369）算起，至今已有600多年历史。此地在元代是一座正在建设中的庙宇，名曰报恩寺，不料还未建完，燕王朱棣率领的明军已经攻克大都。朱棣对孔子很是崇拜，下令军队不准进入孔庙。报恩寺僧人灵机一动，把一座木制孔子像立于刚建成的大殿中，硬说报恩寺是孔庙。庙宇算是保住了，但不得不将错就错，正式成为孔庙，并办成大兴县学。1421年，这里又改为顺天府的直属学校，称顺天府学。永历元年撤销大兴、宛平县学，大兴县学改为顺天府学，顺天府及大兴、宛平二县共一学，并规定：“学中子弟止用大、宛两籍贯者充之，至所属各州县不得与焉，著为定例。”清康熙三十九年（1700）设大兴义学，延请著名学者王源为首席主持人，四十一年（1702）改为顺天府义学，乾隆十五年（1785）改为金台书院。乾隆四年还创建了南路厅书院。除这些为培养精英人才而设立的教育机构外，面向大众的教育机构也颇具规模，据《大兴县

大兴县辖域变迁示意图
顺义县
南法信
昌平县
燕丹
孙河
洼子里
金盏
望京
大兴（明、清）
宛平（明、清）
大兴（元）
郊亭
丰台
董村
南苑
（南海子）
新河
通县
马驹桥
狼堡
芦城
田阳
黄村
（现政府驻地）
房山区
生坊
天宫院
青云店
采育
辛店
庞各庄
定福庄
凤河营
皋营
礼贤
涿州市
廊坊市
大马坊
榆垡
南各庄
张华村
固安县
永清县
图例
现代
清代（光绪三十四年）
明代（万历二十年）
元代（延祐三年）
南海子
北京城
区县治所、村镇

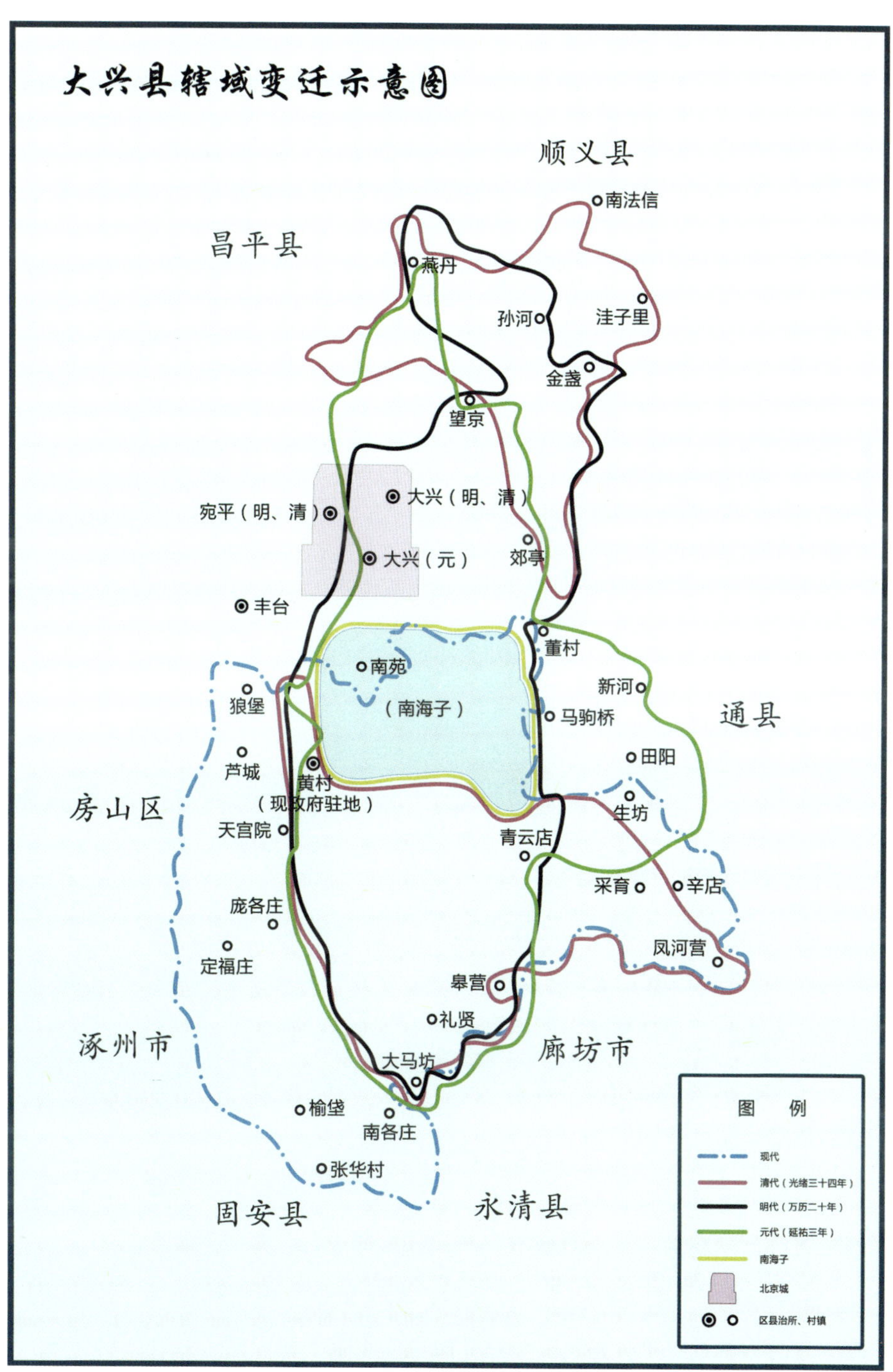

大兴县辖域变迁示意图

志》记载，明永乐年间大兴有基层教育机构社学就 14 所，另有义学、私塾多种民间辅助机构，特别是私塾，在清代末期及民国遍及大兴城乡，如 1928 年有私塾 31 所，1940 年有 51 所。

发达的教育机构培养出众多的人才，根据相关资料统计，仅明清两代，大兴籍进士、举人即达 1700 余人。

第三节 慷慨悲歌 古风长存

一、礼贤地名的千古美谈

（一）礼贤与“黄金台”

大兴区南部的礼贤镇，据传其东门砖雕楹联为“礼贤下士”“雅歌投壶”。该镇西侧原有一处黄土高阜，阜上建寺，称金台寿峰寺。相传高阜为春秋时燕昭王为招贤纳士所建，后人称为“黄金台”。

黄金台也称招贤台，在今北京城东南。战国时期燕昭王筑，为燕昭王尊师郭隗之所。

清孙承泽《天府广记》卷三十七引梁任昉《述异记》中记载：“燕王为郭隗筑台，今在幽州燕王故城中，士人呼为贤士台，亦曰招贤台。”

《清一统志·顺天府三》：黄金台，按《史记》中记载：“昭王为郭隗改筑宫而师事之，不言筑台。后汉孔融论盛宪书，始云昭王筑台以事郭隗，然亦无所谓黄金台也。”

民国《固安县志·名胜》中记载：“黄金台，旧志云在大兴东南，今名礼贤镇。”

（二）燕昭王“千金买骨”

燕昭王在此设立黄金台，其主要目的是招贤纳士，由此产生了“求贤若渴”“千金买骨”等成语。《战国策·燕策一》记载：燕国国君燕昭王（前 311—前 279）一心想招揽人才，而更多的人认为燕昭王仅仅是叶公好龙，不是真的求贤若渴。于是，燕昭王始终寻觅不到治国安邦的英才，整天闷闷不乐。

后来有个智者郭隗给燕昭王讲述了一个故事，大意是：有一国君愿意出千两黄金去购买千里马，然而时间过去了三年，始终没有买到。又过去了三个月，好不容易发现了一匹千里马，当国君派手下带着大量黄金去购买时，马已经死了。派去买马的人用五百两黄金买了千里马的马骨。国君生气地说：“我要的是活马，你怎么花这么多钱弄一匹死马的骨头来？”国君的手下说：“你舍得花五百两黄金买死马骨，更何况活马呢？我们这一举动必然会引来天下人为你提供活马。”果然，没过几天，就有人送来了三匹千里马。

郭隗又说：“你要招揽人才，首先要从招纳我郭隗开始，像我郭隗这种才疏学浅的人都能被国君采用，那些比我本事更强的人，必然会闻风千里迢迢赶来的。”

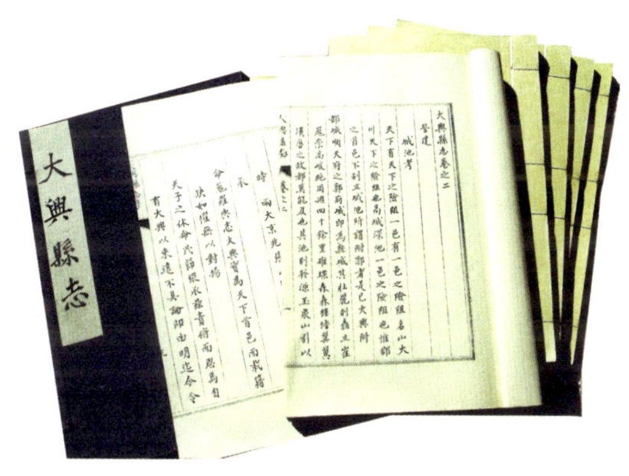

大兴县志

燕昭王采纳了郭隗的建议，拜郭隗为师，为他建造了宫殿，后来没多久就引发了“士争凑燕”的局面。投奔而来的有魏国的军事家乐毅、有齐国的阴阳家邹衍、赵国的游说家剧辛等。落后的燕国一下子便人才济济了。从此以后，一个内乱外祸、满目疮痍的弱国，逐渐成为一个富裕兴旺的强国。

（三）现代意义

关于黄金台的位置，历史记载多有争议。一般史学界认为黄金台遗址主要有两处争议地点，即河北易县东南和北京城东南。史为乐主编的历史方舆学界重要权威《中国历史地名大辞典》“黄金台”条内容：①又称金台、燕台。在今河北易县东南，北易水南。《文选》卷 28《乐府 · 放歌行》：“将起黄金台”，李善注引王隐《晋书》曰：“段匹磾讨石勒，进屯故安县故太子丹金台。”《清一统志 · 顺天府三》引《上谷郡图经》中记载：“黄金台在易水东南。燕昭王置千金台上，以延天下士。”《晋书》中记载：“段匹磾讨石勒，屯故燕太子丹黄金台，即此。”②在今北京城东南。清孙承泽《天府广记》卷三十七引梁任昉《述异记》中记载：“燕王为郭隗筑台，今在幽州燕王故城中，土人呼为贤士台，亦曰招贤台。”《清一统志 · 顺天府三》：“黄金台，按《史记》载：‘昭王为郭隗改筑宫而师事之，不言筑台。后汉孔融论盛宪书，始云昭王筑台以事郭隗，然亦无所谓黄金台也。’”

孙承泽《天府广记》认为黄金台的位置在礼贤镇，即源于该资料，清康熙年间大兴县令张茂杰所著《大兴县志》中也有相关记载。

这是大兴区重要的历史文化资源，承载着漫长的发展历史，蕴藏着深厚的民族精神和民族文化，充分挖掘这些古迹的文化内涵，对教育和激励后人，继承和发扬民族精神，实现中华民族的伟大复兴，有着重要的现实意义和深远的历史意义。

二、慷慨悲歌的燕赵风骨

（一）关于燕赵区域

从大的文化圈来说，大兴属于古燕赵文化的范围。被尊为唐宋八大家之首的韩愈有句名言："燕赵多慷慨悲歌之士。"宋代大文豪苏东坡也曾赞叹："幽燕之地，自古号多豪杰，名于图史者往往皆是。"

燕赵区域的主体是南以黄河为界、东以大海为界、西以太行山为界、北以燕山山脉为界。在地质上，这里是一片平原，属华北平原的北部，也可以独立地称作河北平原。它是冲积平原，土质属于次生黄土。从平原上经过，往往走出数百里也见不到高丘起伏，因此说燕赵文化是平原文化。

（二）燕赵文化

从地理环境和生产方式上看，燕赵文化是一种平原文化、农业文化、旱地农耕文化，是一种以汉民族为主体的文化。这些情况对燕赵文化而言并不是独自存在的，与它相邻的三晋、关中、中原、齐鲁各区域大体也是这种情况。但是燕赵文化是一种典型。在漫长的历史转变中，燕赵文化甚至比处在核心位置上的中原、齐鲁各区文化更具典型意义。

（三）燕赵文化的文化特征

从文化特征上看，燕赵区域也具有独特的文化特征，这就是慷慨悲歌、好义任侠。"慷慨悲歌"一语可以用来形容各个地区的人物和现象，但是在历史上，它是由燕赵区域而产生的，也是以燕赵区域为典型的。在其他区域，慷慨悲歌并没有成为一种普遍现象，而在燕赵区域，慷慨悲歌却是普遍的特征和特殊的标志。从时间上，慷慨悲歌文化的特征在战国时期形成和成熟，在隋唐时期仍然为人们所称道。到明清时期其余音遗响不绝如缕，前后持续 2000 余年，确已形成了悠久而稳定的传统。

三、抵御外辱的家国情怀

（一）燕赵风骨

"燕赵自古多慷慨悲歌之士"，这很好地概括了燕赵之士重义轻生的精神风骨和疾恶如仇的人格品质。

"燕赵风骨"有一个逐渐形成的历史过程，战争、移民和大一统的政治文化不断促进"燕赵风骨"的发展：战争强化着"燕赵风骨"的尚武精神，移民加强了民族交融，大一统的政治文化则强化了“燕赵风骨”大公无私和奉献精神的历史书写。这种精神风骨和人格品质在大兴的历史发展中都很好地体现了出来。

（二）近现代的革命斗争精神

在这片沃土上，大兴人民具有光荣的革命斗争传统。在反帝反封建的英勇斗争中，大兴人民前仆后继，战斗不息，抵御外来侵略和反抗封建剥削与压迫的斗争精神，形成大兴人民的光荣传统。

大兴的革命武装，活跃在大兴、固安、安次、涿州等平南地区，这里是晋察冀边区冀中区革命斗争前哨，战略地位十分重要。日本帝国主义和国民党反动派都先后对这一地区实行严酷统治，使这里的斗争极为艰难、残酷、激烈。但是大兴人民在中国共产党领导下，积极投身于艰苦卓绝的民族解放和推翻国民党反动派的伟大斗争，赢得了彻底解放，谱写了大兴革命斗争的光辉历史。

大兴英烈

“为有牺牲多壮志，敢教日月换新天。”为了新中国的诞生，在这片土地上，涌现出许多可歌可泣的英雄人物，出现过许多感人的英勇悲壮的斗争事迹，有700多名英烈献出了宝贵的生命。

第二章　大兴优秀传统文化的构成

中国传统文化是由中华文明演化而汇集成的一种反映民族特质和风貌的民族文化，是民族历史上各种思想文化、观念形态的总体表征，是指居住在中国地域内的中华民族及其祖先所创造的、为中华民族世世代代所继承发展的、具有鲜明民族特色的、历史悠久、内涵博大精深、传统优良的文化。大兴位于北京的南部，是离北京最近的郊区，大兴的传统文化与北京的传统文化紧密结合在一起，是北京文化的重要组成部分。同时，大兴在历史发展过程中又形成了本地区的特色，这种特色以移民文化、永定河文化、南海子文化、村落文化为代表，可以说这是大兴地区的标志性文化。

第一节 慎终追远　落地生根

一、移民文化的含义

（一）什么是移民

卫东海所著《凤河岸上长子营》

复旦大学教授葛剑雄先生在《中国移民史》中指出：“移民是人口迁移的结果，移民必定是迁移人口。但移民只是迁移人口中的一部分，或者说迁移人口中符合一定的条件的那一部分，并不是所有的迁移人口都是移民。”《中国大百科全书·地理学》指出：“一定时期内人口在地区之间永久或半永久的居住

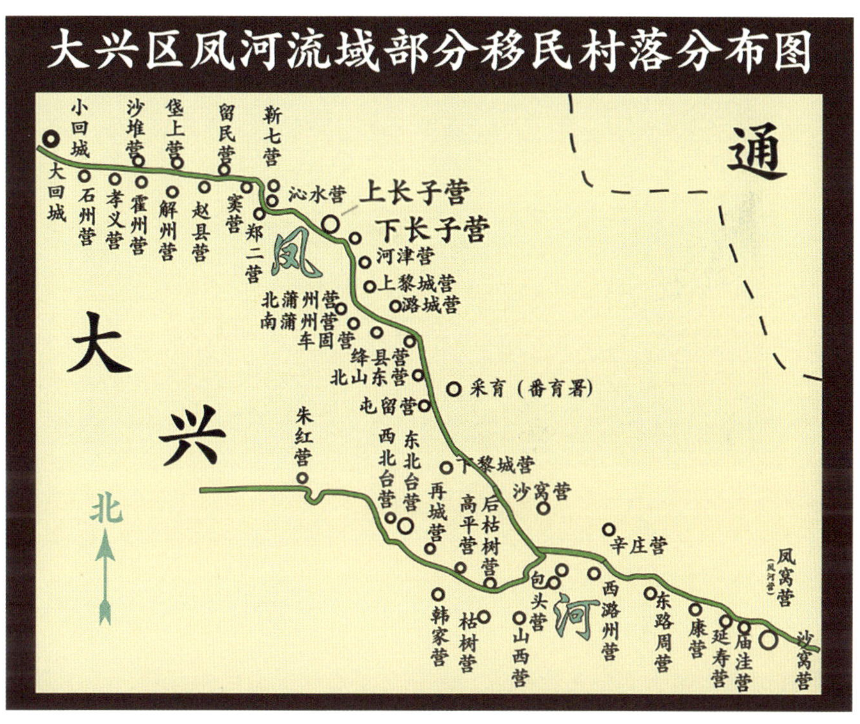

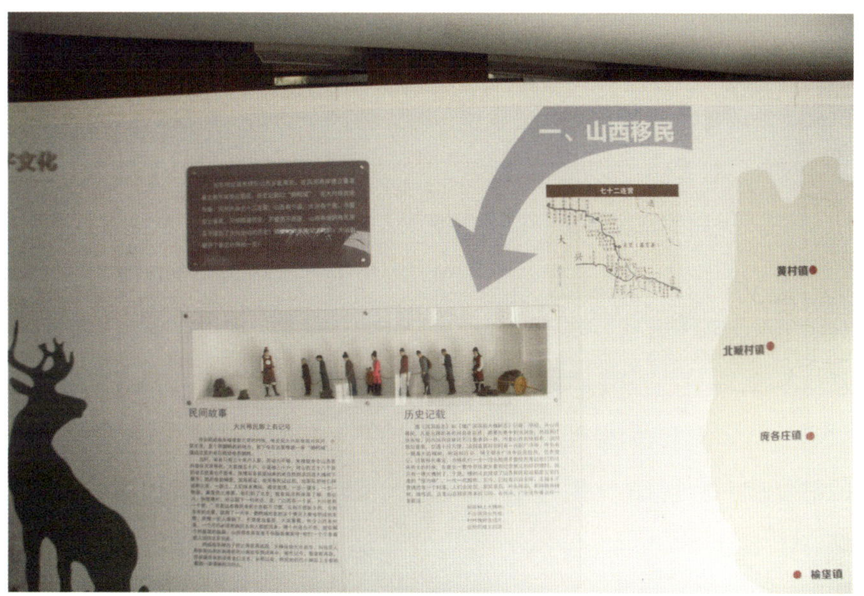

大兴凤河移民村落示意图及山西移民历史介绍

《沁水营村志》

地变动，人口的迁移形式是移民。”

（二）移民文化

移民文化属于类型文化概念，是相对于非移民文化而言的，不同于地域文化、民族文化。移民文化根植于移民社会中，是移民社会中人们的心态、观念和思想体现；在结构上分成两大基本层次：一是移民心理，二是直接反映移民心理的各种社会意识形态。移民文化具有独特的移民精神以及开放性、兼容性、先导性等特征。

（三）大兴的历史就是一部移民史

自古以来，人口的迁移就是中国社会发展与进步的一个重要因素。大兴的历史实际上就是一部移民史。大规模的移民不仅促进了本区经济的恢复和发展，而且形成了本区与外地文化交流的高潮。这些移民不同的生活方式、行为习惯和思想观念间的碰撞、冲突和融合，有利于激发地域文化的创造力。这种移民文化经过一段时间的交流和汇集后，便形成某种独特的地域文化样式。

二、明代移民的相关记载

（一）洪武四年

据记载：洪武四年（1371）徐达徙山后之民35800户，197027口散处卫府。屯田北平府管之地，置屯有254处，其中大兴县49屯，5740户；宛平县41屯，6166户。

永乐年间又多次由山西向北京周围移民，其主要居住地大多在大兴境内，特别是在东部凤河沿岸的采育、长子营、青云店一带，形成了一个以山西省的州县名称为专名，以营字为通名的村落地名群。

清代《宸垣实略》记载：采育，永乐二年移山西民填之，有恒产，无恒赋，但以三畜为赋，计营五十八，旧有鸭鹅城。这样密集的移民人口聚集的村落，这一地区的文化不可避免地带有明显的原居住地的痕迹。

（二）永乐二年

永乐二年（1404）九月迁山西太原平阳府及泽、潞、辽、沁、汾州民万户充实北京地区。

（三）永乐五年

永乐五年（1407）五月置上林苑监，设蕃育署、良牧等十署，蕃育署设于采魏里（今大兴采育镇），是年迁山西平阳府及山东登州、莱州等地民五千户隶属上林苑监。部分移民安置于蕃育署，饲养鸡鸭，供应内庭。

（四）明洪武及永乐年间

明洪武及永乐年间，一则令流徙末年国民回乡复业，另则移山西等地无地或少地农民来京耕种。

三、明代洪洞移民的重大意义

（一）明初移民，是以“洪洞大槐树为中心”辐射全国的大规模移民运动

明代初年进行的洪洞大槐树大移民，是一场自上而下、以“洪洞大槐树为中心”、辐射全国的大规模移民运动，在全国范围内均衡了人口资源，优化盘活了土地资源，实现了劳动力人口和需要耕种土地的有效配比，实现了国内政治大稳定、经济大发展和国家边防大稳定。

（二）洪洞大槐树大移民运动是一场被动的、强制性的移民

洪洞大槐树大移民运动是一场被动的、强制性的移民，先祖们通过长途跋涉，到异地他乡发展生产，铸就了伟大不朽的可歌可泣的移民文化精神。

（三）明初移民促进了社会的发展

明代在洪洞大槐树实行的大移民运动，达到了“耕者有其田”的目的，使新生王朝北疆边防得以稳固和安宁。移民和当地驻军在职责上交叉配合，产生了军民融合的新型发展模式。

（四）洪洞大槐树大移民具有深远的影响

洪洞大槐树大移民是我国历史上乃至世界移民史上规模最大、迁移人口最多、涉及区域最广、影响最深远的一次大移民，现在全世界都遍布着大槐树移民后裔。

（五）大槐树移民使晋文化得以推广

移民先祖们在移民进程中，创造了不屈不挠的移民文化精神，即脚踏实地、迎难而上、拼搏创业、战胜一切艰难困苦的大无畏精神。他们与当地居民互相学习、磨合共生，使得移民所在地的晋文化得以广泛传播。

四、移民习俗的深远影响

（一）历史记忆

中国古代社会是一个超稳定的社会组织结构，儒家伦理又主张“父母在，不远游”，安土重迁是中国人根深蒂固的传统观念。因此可以断定，明初的移民是由政府强制性实施的，移民半路逃亡的事件经常发生。为防止移民的逃亡，移民官员想出了种种办法，如砸碎移民们的小脚趾甲、用绳索捆绑等，这些在民俗学上也有反映。

据说凡大槐树移民的后裔，在生理上都有一个共同的特征——双脚的小脚趾甲是复合型的。对此，民间有两种解释：一说是当时官员们为防止移民中途逃跑，就强行脱下他们的鞋子，在他们的小脚趾甲上砍一刀作为记号，伤愈之后，移民们的小脚趾甲就变成了复合型的了；另一说为当时政府规定家有两子以上的民户，除留下小儿子外，其余的儿子都必须迁出。生离死别之际，母亲为将来寻找儿子方便，便将被迁徙儿子们的小脚趾甲都咬成了两瓣作为标记。这种生理特征，作为大槐树移民的遗传基因，也遗传给了他们的后代。

官兵们在押送移民过程中，为防止移民逃跑，还强行将他们的双手反绑在身后，并用长绳索连成一串。由于长期的被押解生活，使他们逐渐养成了背着双手走路的习惯，而他们的后代也在耳濡目染中沿袭了这一生活习俗。

押解途中，人们的大小便都要请求押解官员解开被绑着的双手才能完成，于是一有人喊“解手”，人们就知道行进队伍中有人要大小便了。久而久之，“解手”就成了移民群体中“大小便”的特殊代名词。

（二）种上大槐树思念故土

在大兴的民间，广泛流传着这样一首歌谣：房前种上大槐树，不忘洪洞众先祖。村村槐树连成片，证明同根又同源。

当移民们一步一回头地离开曾经养育过他们的这块热土的时候，在最后一瞥中寻找家乡最有纪念意义的标识物时，就只有一棵大槐树了。于是，槐树从此就成了山西移民祖祖辈辈互相传递的“接力棒”，一代一代相传。至今，已经有 600 余年。走遍长子营镇的每一个村落，人们会发现，房前屋后，村头地边，都种植有槐树。据传说，这是山西移民带来的习俗。

（三）凤河习俗具有浓重的晋南遗风

俗话说：十里不同乡，百里不同俗。但经历了千里痛苦漂泊的移民们，随着时间的推移，那山那水可以使人忘记，但是流淌在血脉中的民风民俗亦即是思想生活的习惯，传承不衰。

晋南各县深厚的民风民俗特色，在这里与当地风俗相互融合、影响，形成了特有的凤河流域风俗。

大兴区东部的采育、青云店、长子营因移民相对集中，更是特色明显。

这一地区的移民主要是明永乐年间来自山西南部地区，我们依然能够依稀看到古老而深厚的晋南遗风。

晋南文化是中华文化、黄河文化的重要组成部分。几百年来，大兴地区凤河沿岸的移民们祖祖辈辈在这里开荒垦壤，繁衍生息，他们在农业耕作中创造了农谚、民谣、工艺和药学，在庆祝丰收和表达情感中创作了民歌、民乐和民舞，在口耳相传中传承了故事、谜语和史诗，在乡村生活中构建了乡规、族谱和礼俗。纷繁多样、各具特色的文化活动形式，不仅增加了生活的异彩纷呈和幸福指数，也为子孙后代留下了无数物质和非物质文化遗产。

五、移民文化中的凤河文化

（一）慎终追远　代代相传

祖为移民，根在山西。这是长子营人常挂在嘴边的一句话。山西地处黄土高原东部，位于黄河流域中下游地区，被誉为“中华民族的摇篮”，曾孕育了中华民族的悠久文明。历史上，中原汉民族与北方各少数民族在这里发生过冲突与交融。晋南是人口流动最为频繁的地区，成为中国北方最重要的移民发生地。这些迁徙者，背井离乡，告别了“尧天舜日”时即耕耘过的丰腴土地，告别先人“接姑姑迎娘娘”时敲打的那令人心醉的威风锣鼓，来到大劫后的荒凉之地。他们将凝重的汗珠，结实地撒落在陌生的土地上，也将晋地文明的种子再次种植在北方的土地上。不仅给明初社会带来了经济繁荣，更为珍贵的是，晋地移民与长子营当地土著居民在文化上、心理上、习俗上经过长期的掺和、糅合、渗透，再次丰富了长子营地域文化内涵，给长子营人文景观带来新的变化，同样也丰富了民俗的内涵。这里的地名印记着移民创业的史实，民间传说透露着移民对先祖来路的模糊记忆，许多民间习俗也与晋南民俗如出一辙。当移民们一步一回头地离开曾经养育过他们的这块热土时，在最后一瞥中寻找家乡最有纪念意义的标识物时，就只有洪洞县的一棵大槐树了。于是，槐树从此就成了山西移民祖祖辈辈互相传递的“接力棒”，一代一代相传。

（二）交汇融合　传承发展

如前所述，晋南文化在大兴地区移民的长期潜移默化下与当地文化融合，传承发展。地区文化是先进文化的优质原材料和重要支撑点，是历史留给后代的宝贵财富。当前，随着工业化、城市化进程的加快，地区文化的意义和价值日益显现，正在转化成为新农村文化建设和文化产业发展的重要优势资源。凤河文化是这一地区的中心文化，这种看似无形的文化一直影响着人们的思想观念和行为规范。

凤河沿岸历史文化悠久，形成于明朝初年的大移民文化，“山西多少县，大兴多少营”“五台、八庙、七十二连营”，其中最为集中的就是青云店镇、长子营镇、采育镇。沿凤河两岸，沁水、长子、河津、黎城、潞城、蒲州、绛州等落地成村，随之形成带有山西晋南鲜明特色的村落。迁徙者们将晋地文明的种子再次扎根在北方的土地上，不仅给明初社会带来了经济繁荣，更珍贵的是，晋地移民与当地居民在生产生活上、文化上、心理上、习俗上经过长期的掺和、糅合、渗透，形成了极具特色的地域文化。这种文化凝聚人心，规范行为，民风淳朴，与人友善。

随着岁月的漂移，晋南文化与皇城文化相互渗透交融，形成了以凤河流域为主线的地区文化。多种文化的融合造就了这一地区百姓宽广的胸怀和海纳百川、兼容并蓄的创新精神，具有宽容与包容的深厚文化底蕴，对内具有凝聚民心、陶冶情操、构建社会和谐的强大作用，对外是体现自尊、自强、自信的凤河文化精神；同时也丰富了北京四个文化建设。

（三）凤河文化　正本清源

传承发展，挖掘整理历史文脉，把零敲碎打的记忆传说进行梳理，还原历史的真实，是当地政府高度重视的文化工作。长子营镇党委、政府用了 4 年时间，在《大兴报》总编辑卫东海博士的协助下，完成了“凤河移民文化”研究的第一部成果——《凤河岸上长子营》一书的出版。该书第一部分为《结缘长子——文化苦旅中的乡党》，作者以山西故乡人的乡土情结直观感受，描述角色转换时的心理共鸣引发的激情。第二部分为《回眸长子——老槐树下的集结号》，运用史实证实明清时代长子营区域移民的历史文化背景，以现象为切入点，展示社会变迁背景中，信仰与地域文化错位引发的移民心理失衡，到追求调整再到平衡的演进过程。第三部分为《体悟长子——那遥远苍凉的故事》，运用社会学方法对文化传统进行梳理，把特色文化景观与人文进行考据学的系统整理。第四部分为《对话长子——安顿心灵的祭祀台》，作者思维角度穿越当时长子营区域内山西移民者的生存、生理表象，用宗教的神性观照现实习俗、道德层面，解构意义世界在个体作为存在中的价值与判断。第五部分为《远眺长子——城南行动催生机遇》，作者站在北京城南行动计划、北京经济技术开发区与大兴区行政资源整合这样千载难逢的历史机遇面前，审视长子营区域赐予的机缘，分析长子营镇蕴酿积淀迈向跨越式发展的全新面貌。第六部分为《暇旅长子——徜徉在休闲绿海中》，全书从产业经济学的梯度提升理论，把一个真实长子营的休闲、观光、生态、旅游农业作了产业附加值品牌上的暗示，用一个“撩开长子营神秘的面纱”，作了新闻广告式宣传的探视。第七部分为《思考长子——文化软实力的建构》，此部分汇集诸多学者对《凤河岸上长子营》一书在资料收集、方法运用、文化意义、构建地方文化软实力等方面的评价和期望。

第二节
大河永定　因水而兴

永定河是北京的母亲河，更是大兴的母亲河。1000 多平方公里的平坦而肥沃的大兴区土地，全是永定河冲积出来的。大兴区的永定河文化，重点反映在永定河的历史变迁及其历史上治理和开发永定河水利的措施与经验。

一、大河出山后的历史变迁

（一）永定河概述

永定河位于北京的西部。全河流经山西、内蒙古自治区、河北、北京、天津五省市，入渤海，全长740多公里（含永定新河），是海河水系北系的最大河流，流域面积为47016平方公里。上游有两大支流，南为桑干河，发源于山西省宁武县管涔山；北为洋河，发源于内蒙古兴和县，汇合于河北省朱官屯，开始称永定河。发源于北京延庆县的妫（sì）水河也流入永定河。永定河上游处在太行山、阴山、燕山余脉、内蒙古黄土高原，海拔1500米以上，植被、地形、气候条件差，有8个产沙区，土壤侵蚀严重，是永定河水泥沙含量极大的主要来源。官厅山峡及下游上段是北京段，流经门头沟、石景山、丰台、房山、大兴5个区。由官厅水库至门头沟三家店，长度108.7公里，平均海拔500~100米，短距离内落差从450米降至100米，山峦重叠，沟谷曲弯，坡度变化大，水流湍急。下游从三家店出山，入京津平原到渤海口，形成古道洪冲积扇面，海拔在25~100米，在近80公里的流程中水流相对平缓，泥沙大量沉积，至河床高于地面，历史上改道多次，极易发生漫溢决口。1985年，永定河被国务院列入全国四大防汛重点江河之一。

（二）永定河与大兴的关系

永定河是名称最多的一条河，而且流出西山之后的改道迁流，不亚于黄河下游。它曾行经北京城北东，清河、高梁河、坝河与什刹海、北海、中海等，都曾是它的故道。北魏时，它改流蓟城（北京城前身）南，大致循今凉水河道下注。隋唐时，它大致穿过今大兴区中境向东南流至霸县东部，成为永济渠的北段。辽金时期，它主要流经今凤河。元明时，它在卢沟桥东南的看丹村处，分成三股。明初《顺天府志》于“大兴县·山川”下引《图经志书》云：“桑干河，河自山西来，势极迅急。至卢沟桥东南，分为三支：一支自看丹口来，分流于新河水，合而达于漷州之境。一支自看丹口南入本县境，经清润店达于东安县境，今已淤塞。

永定河源流图——大兴段

管涔山天池

永定河源头

永定河上游的恢河

洋河与桑干河汇流处

一支南流，入于固安县境，经霸州会于淀泊，出武清入小直沽，以达于海。”元明清时，永定河主要在卢沟桥以下河段决口泛滥，水淹大兴区之地。今大兴区的狼垡、鹅房、西大营、南北章客、赵村、东西麻各庄等处，都曾是永定河决口之处。在今黄村的西北、东南，庞各庄的西北、东南，榆垡的西北、东南，有几条沙带，都是当年永定河决口后留下的痕迹。今大兴区的天堂河、大小龙河、凤河、凉水河等，都曾是永定河的故道。这些永定河故道，由东南向西北收缩，或者说由西北向东南散开，形成一个扇形河道网。

永定河是北京的母亲河，也是中华民族交往融合的一个通道，其流域文化具有历史悠久、内涵丰富、包容大气、底蕴深厚的特点。

历史上的永定河在华北平原西北部摆动、宣泄、淤积，形成广大的洪积冲积扇，既造就了大片丰泽膏腴的土壤，又留下了大量湖沼和丰富的地下水，哺育了北京地区最初的文明，并为北京城的发展壮大提供了优越的地理空间。

二、永定河的治理文化

（一）因水而兴　文明初置

“水”孕育了中华文明，催生了中华民族，在人与水的交互中，“治水”成为一项重要活动。“治水”的过程凝聚了民族向心力，“治水”的活动催化了国家的诞生。治水文化是中华传统文化的重要组成部分，也是中华民族精神的重要体现。大兴坐落在北京南部平原，水土丰美，永定河傍境而过，因其独特的地理位置，被誉为“永定河怀抱中的骄子”。历史上，永定河中下游水灾频繁，国家大量兴修水利工程。金代在北京建都以后，修建了卢沟桥，开始修筑堤防，试图将野性十足的永定河束缚起来，扼杀它的危害性，开始了人与永定河的千年博弈。永定河堤防越多，水患越频繁，从金代平均每 8 年一次逐步演变成清末平均两年一次。

修建永定河大堤最成功的一次是康熙三十七年（1698），于成龙主持修建的大堤40多年没有发生大的险情。康熙皇帝赐名“永定”，封为“河神”。

（二）永定河的得名

清康熙三十七年（1698），皇上命直隶巡抚于成龙负责筑起前所未有的永定河两岸大堤：“自良乡老君堂旧河口起，迳固定北十里铺、永清东南朱家庄，会东安狼城河，出霸州柳岔口三角淀，达西沽入海，浚河百四十五里，筑南北堤百八十余里，赐名‘永定’”。

永定河最初仅只这一段，即右侧起点为良乡老君堂，该村已无，北京市房山区窦店镇辛庄户村位于小清河西岸清代光绪年间成村，距今200余年。原良乡县老君堂村（据良乡县志光绪十五年版记载在良乡县城东南二十五里，属兴州屯五甲之一，老君堂村原址应在今窑上村与任营村之间偏西，原海军学校东南2里处），光绪年间因牤牛河（小清河前身）水灾，将其冲没，村民四散，遂形成辛庄户、两间房、肖家场、西地等村落。左侧起点张庙堂，原村已无，现南北章客即为该村旧址。该村原为良乡县管辖，1949年划归大兴。

（三）永定河的管理机构和管理制度

康熙三十七年对永定河进行了大规模治理。同年，康熙皇帝命令工部设立永定河南岸分司、北岸分司，司署衙门设在固安城内。这是永定河首次建立的行政管理机构。雍正四年（1726），清廷为统一调度，加强管理，设立永定河道，道署衙门在北岸分司旧址。乾隆三十年（1765），移建在固安城外南关东北隅（今县粮食局和粮库原址），占地十几亩。主持永定河道的官员为道员，俗称道台。河道署原在北岸分司旧署低洼之地，乾隆二十八年（1763）雨水围浸，不堪居住，乾隆三十年拆建到南关东隅；南岸同知衙署在祖家场村南，北岸同知衙署乾隆三十年建在北张华村东，后移至北十里铺村南（当时均属于固安县，清陈琮《永定河志》卷二《职官表》），按照职责要求，各级河务官吏在汛期要做到“四防”“二守”“五事宜”。至此，这种“驻守分工汛，定制从长计”的传统守卫更替值班制度，得以延续。

张洪英著《永定河工图册》

孟宪彝像

（四）大兴境内的水文物

1. 大兴八大险工

大兴区永定河左堤路共有 8 处险工，历史上曾决口多次，是永定河平原段治理过程中的重点。8 处险工分别是：立垡险工、前辛庄险工、南

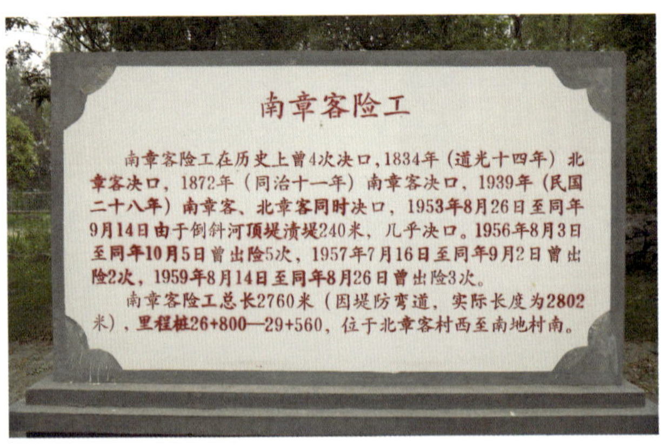

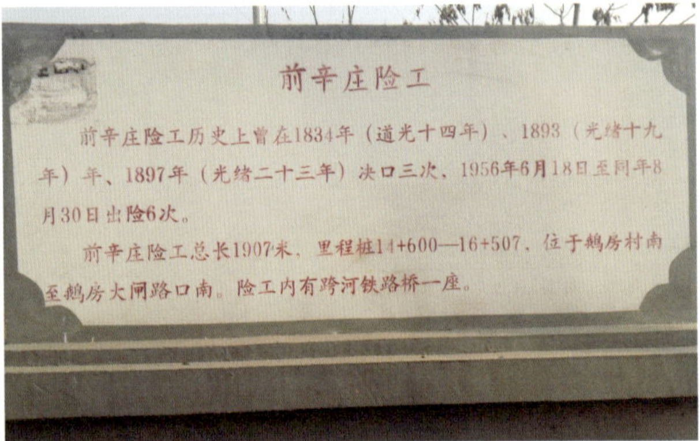

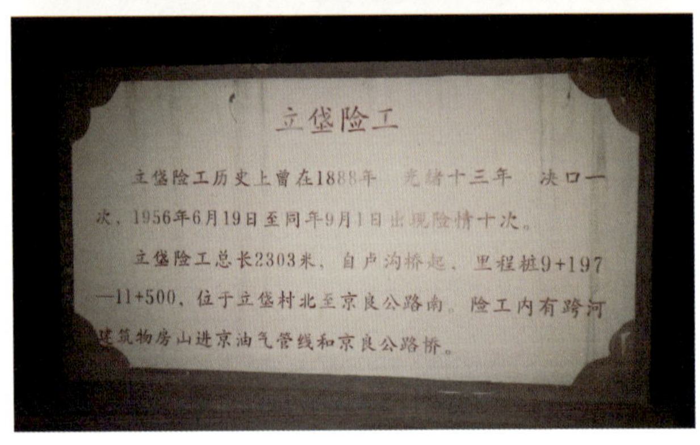

大兴段险工

章客险工、赵村险工、西麻各庄险工、闫家铺险工、十里铺险工、押堤——石佛寺险工。

2. 金门闸

始建于康熙四十年（1701），以“固若金汤”意得名，起初作用为“以清冲浑”，后因永定河河底逐年淤高，职能改变为泄洪。

金门闸

3. 永定河神祠

位于大兴区庞各庄镇赵村南1公里永定河堤下，始建于乾隆三十五年（1770），旨在“祈祷河神、安澜佑民”，殿内有乾隆御题楹联。现仅留乾隆御碑一通。

永定河河神碑所在地
（原碑已移至团河行宫保存）

4. 北岸分司

康熙四十三年（1704）设永定河南北岸同知，北岸同知署在大兴十里铺村南。永定河北岸分司及北岸同知衙署的设立，表明榆垡十里铺在整个永定河河道占有重要位置。

5. 海禅寺

位于大兴北臧村镇桑马房村西，相传为镇住永定河河中恶龙，由老和尚化百家缘、千家木、万家石修建，寺庙建成后，康熙驾临此寺，赐名“海禅寺”。

6. 求贤坝遗址

位于榆垡镇求贤村，因出水口形似簸箕，又名“簸箕口子”。乾隆四年（1739）选此处建草坝，夏季泄永定河水于故河道，以减弱水势，保护大堤。乾隆三十七年（1772）改草坝为灰坝。

7. 十里铺古渡口

位于大兴最南端十里铺村西，是永定河连接南北大道的主要渡口，起初为私人摆渡，清光绪七年（1881）改为官渡。1965 年，冀中行署在此设计施工建成水泥公路桥一座，改变了过往永定河需要用船摆渡的历史。

（五）新中国成立后的治理

新中国成立后至 1990 年，大兴段左堤的抢护治理主要采取生物防护和工程防护措施进行复堤护岸，沿堤镇、村群策群防，随着社会经济发展和机械化程度的提高，永定河左大堤防汛抢险技术已实现现代化。1991~2010 年，经对传统守卫措施的总结继承，形成了一整套新的“六防四勤三查二守”永定河管护措施，使永定河大兴段百里长堤安澜无恙。

北京市把永定河治理作为首都水生态环境建设的一号工程，2017 年 5 月印发了《北京市永定河综合治理与生态修复实施方案》，计划分四步进行永定河治理与生态修复，到 2025 年重现永定河秀美宜人的生态廊道。

根据方案，北京市将保障永定河生态用水；新增滨河森林 18 万亩，新建滨河公园 5.5 万亩，大幅改善沿线人居环境；新增湿地水面 8 万亩，提升永定河水环境品质；综合治理河道 170 公里，系统完善永定河功能。

2019 年，永定河绿色生态廊道初具规模：恢复和增加永定河干流生态用水，官厅水库周边骨干工程基本建成，为世园会成功举办创造了良好条件，北京大兴机场周边森林湿地工程基本建成，为北京新机场通航夯实生

《永定河工图册》中的工程图

态基础。

2022年，永定河绿色生态廊道将基本建成。永定河水源保障工程全面建成投入使用，基本保障干流生态用水；官厅水库、新首钢生态节点全面建成。

2025年，将重现永定河秀美宜人的生态廊道。永定河流域生态用水得到有效保障，生态水源配置格局进一步优化完善；永定河山区段形成“百里画廊”，平原段实现湿地水面不断线，初步形成“流动的河、绿色的河、清洁的河、安全的河”。

三、永定河的管护措施

（一）六防

一是昼防。专职官员、巡堤员及汛工，每日均须巡堤查看，发现浪窝（即堤防、坝座的迎水坡受风浪冲刷而成的坑穴）、鼠洞要及时填堵；建筑物损坏要及时修补。巡查时，必须认真仔细，无论坡面、堤顶、堤脚还是石笼，都应该查到不能疏漏。来水时，应注意流向、水位并及时上报。平时每一汛工堆筑若干个“土牛”（为平时堤防的维修养护、汛期抢险的急需，预先在堤肩、堤坡存储的备用土料。据说，因牛的“五行”属土，故称为土牛），栽若干棵柳，巡堤员也要栽。二是夜防。汛工每铺两人，轮流往返巡查。官员及巡堤员也要不定时地进行巡视抽查，遇有擅离岗位或贻误工作者，要及时上报，严肃处理。三是风防。如遇狂风刮毁堤坝应及时补修，应随时注意风浪撞击堤坡、堤身，发现情况立即汇报及时抢护。四是雨防。下雨时堤防人员要上堤巡查。一般情况有雨即有险，雨天更应该注意堤坡损坏情况，要注意河水每时每刻的涨落，分析预测可能发生的险情。此时河工须反复巡查，不得疏忽大意。五是火防。堤防汛路便利，车辆逐渐增多，火灾难免，特别是随地抛弃烟头，万一遇堤上料垛、枯树干枝均能燃烧，引起大火焚毁林木及防汛物料。风干物燥的季节更应加倍小心，必要时禁止通行。六是防盗。应时刻注意破坏林带、盗伐树木现象

永定河大堤

永定河大堤上的抢险石料（土牛）

的发生，严加防范，用来防汛的河柳尤其重要，其不仅能盘固堤根，还是防汛重要物料。

（二）四勤

即巡堤查坝工作无论是黑夜漆漆，晴日暴晒，还是狂风劲吹、阴雨淋淋，都要坚持往返不间断。如遇险情，必须一面及时抢护，一面迅速上报。吃苦耐劳是汛工的品德，要求每一名汛工都要突出一个“勤”字，做到腿、手、嘴、脑四勤：一是腿勤。每日必须往返巡查大堤，对管段内堤顶堤脚、内坡外坡，护岸工程以及各坝的迎水面、背水面，坝头坝尾走到查到，及时掌握大堤和坡坝损坏情况。二是手勤。上汛初期（每年汛期 6 月 1 日至 9 月 15 日），每个汛铺均须准备“土牛”，遇有浪窝水道，要先圈月（古代在重要堤段上临河或背河一侧修筑月牙形堤，又称围堤；圈月就是用围堤圈住管涌），避免扩大，然后再填实。发现獾、狐、地羊（即中华鼢鼠）等害兽，要设法捕捉；遇有兽洞鼠穴，开挖后填实；雨后坑洼积水要立即排除；培育堤树，雨季栽柳，做到两手不闲。三是嘴勤。对沿堤群众要多宣传防堤护岸常识，做到家喻户晓，人人皆知。遇有损坏堤树、损坏堤坡、堤身以及放畜者，应及时予以制止。对故意破坏和盗伐者要绳之以法。四是脑勤。勤于用脑，培养分析判断能力。护堤人员要随时观察分析管段内堤防哪段是薄弱环节，可能产生的险情；观察河水流向，涨落提挫，详细分析哪段可能被冲生险，以及石护堤坡面变形的后果和勾缝剥落对护坡的影响等，并分析产生的原因及可能发生的险情。尤其要注意隐患酿大祸的

打桩

可能性，做到既善于观察，又要善于分析判断。还要时刻注意水溜的走向变化，分析溜走坝头或坝中可能产生的迴流及对淘刷背坡、堤根对堤防产生的影响；及时发现獾窝鼠洞，采取顺藤摸瓜的方法查巡来龙去脉，为开挖处理提供线索。

（三）三查

伏秋大汛，无论来水与否，均须详细检查，做到心中有数，避免临汛手忙脚乱，顾此失彼；检查要左右岸同时进行，确保无漏。每年汛前应进行一次大检查。在上汛之前对境内大堤，所有的护坡，各种丁、顺坝的重点备料及对岸堤坝的影响等，进行一次详细的检查，并详记在册。一是查大堤。要详查堤顶，内外堤坡，浪窝兽洞的数目、位置、洞穴的大小，有无横穿大堤的洞穴，同时要组织专业技术人员进行锥探或钻机灌浆及捕捉害兽。二是查护坡。石坡或砖坡均应按坡项、坡中、坡脚三部分进行查看。石坡要看灰缝剥落情况，缝间是否填实灰浆，未填灰的空隙大小，后部是否与其他缝连接相通，须用软钎探明；检查者均应手持铁棍，逐段进行敲打，辨别背后有无空洞，以防塌坡酿险。砖坡多由丁、顺两层干砌，查看砖的风化脱落、粉碎损坏以及人为破坏等情况，对预防大汛大有益处。三是查对岸。既要了解自己方的堤防状况，也要清楚对岸的情况。为此，对岸的堤防也要重点检查。检查大堤座弯处及丁、顺坝的挑溜情况及对河势的影响，准备好补救办法及防范措施。

（四）二守

据清《光绪顺天府志》记载，清代永定河的防汛分“官守”和“民守”。所谓“官守”，是道、厅、汛官兵分段守护，昼夜不停往返巡查，出险必究。所谓“民守”，是其辅堤十里内村庄汛夫，按汛段摊派，均有守护河堤任务。从清康熙三十七年（1698）修筑永定河大堤后，即派河兵2000名，负责巡视守护河堤。这些河兵就住在沿大堤建的“兵铺”和“汛房”里，分汛段守护河道，一遇紧急情况，马上鸣锣报警，在厅、汛官的召唤组织下，投入抢护。民国年间，设有永定河河务局及各工巡段，长期驻守堤防。新中国成立初期，设永定河河务局等管理机构。1954年，河务局撤销后，由省、市按区县划界分别设常驻机构管理永定河。1975年，北京市成立永定河管理处，各区、县设立永定河管理所。到伏秋大汛时，也沿用历史上的官、民二守制度。官守即伏秋大汛时，县委、县政府及有关部门组成防汛指挥部，县属各部、委、办、局领导分段守护，并抽调主管水利的副县长和水利局一名副局长常驻大堤主持防汛工作；还邀请有防汛、抢险工作经验的老干部、老河工担任技术顾问，巡堤员分驻各险工段，根据险工平工堤段长短决定支搭汛铺数量。每铺有两名汛工驻堤，管理堤段巡守工作。沿堤各乡、镇成立防汛分指挥部，抽调防汛专职干部驻守乡界内堤防。民守方面：除各铺汛工由沿堤村庄聘用具有防汛知识的群众外，另由沿堤2.5公里内村庄的青壮年组成抢险队，平时做好训练，险时迅速集中投入抢险。2.5~5公里内村庄的青壮年组成后备队，负责运送物料，出现紧急情况时也投入抢护。汛期水涨时，抢险队分批上堤巡守，带队、带班干部昼夜轮流上堤防汛值班。

四、永定河文化的历史意义

（一）永定河文化内涵丰富

永定河是北京的母亲河，大兴便如永定河怀抱中的骄子。历史上，永定河自卢沟桥以下治理最频繁，留下众多历史遗迹，绝大多数位于大兴区境内。特别是在清代，康熙皇帝多次巡查大兴境内的永定河，并驻跸于南海子。除此之外，永定河大兴段沿岸地区还拥有深厚的红色历史文化资源，抗日战争和解放战争时期，大兴地区都是重要的抗日根据地和解放区，在平南革命斗争中发挥了重要作用。

历史上，永定河“水性湍急，挟沙拥泥，易淤善溃，素称难治”，特别是自卢沟桥以下部分河道绝大多数位于大兴区境内，治理非常频繁，留下了为数众多的历史遗迹。康熙三十七年（1698）便修筑了永定河北岸大堤，后来又修筑了求贤、胡林村、崔营等地区工程。

值得一提的是，永定河治理中包括大兴段在内的平原段筑堤束水的做法，被纳入了康熙皇帝治水的大框架中，成为治理黄河的试验场，从而更加突出了永定河大兴段治理的特殊地位和重要作用。

鉴于大兴段治水的重要性，清代康熙皇帝巡视永定河工程和水灾情形的必经之地和最主要落脚点也集中在大兴地区。从史料记载来看，其登舟之处主要是鹅房、十里铺等地。巡视回程则大多驻跸南海子，稍事休整后返回京城。因此，永定河大兴段带有鲜明的皇家治水的色彩。

（二）永定河是一条重要的文化走廊

永定河从远古流到如今，作为悠悠母亲河哺育了华夏第一都，成为南北民族交往的通道、各种文化交汇融合的走廊，不仅是一条滋养沿岸物质文明的水脉，也是一条承载文化交流、传播文明成果的文脉。大兴区作为永定河文化形成与承载的重要区域，可以将永定河文化概括提炼为四大文化——治理文化、非遗文化、红色文化、民间民俗文化。若着眼永定河兼收并蓄、包容大气的文化特点，我们将永定河作为大兴新国门新大兴的形象定位，凸显其“东方文明的起源之谷、中华文化的发祥之地、北京文化的历史之根”的文化价值。在此定位下，必将推动优秀传统文化创造性转化、创新性发展，进一步坚定文化自信，使大兴文脉传承生生不息，文化建设繁荣兴盛。

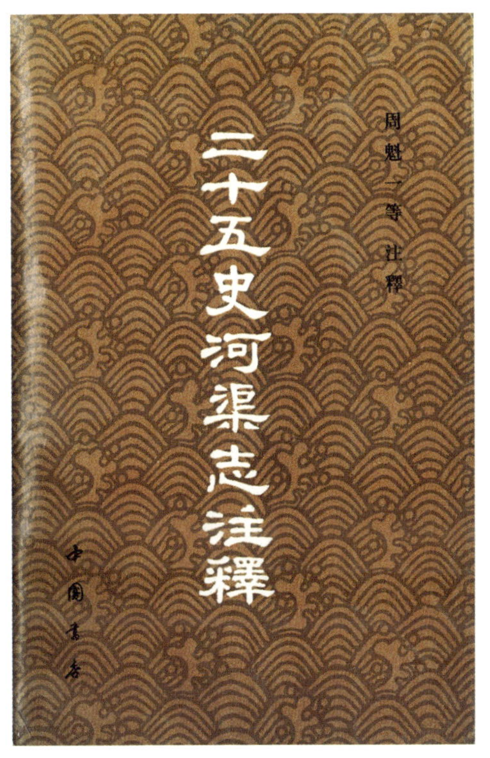

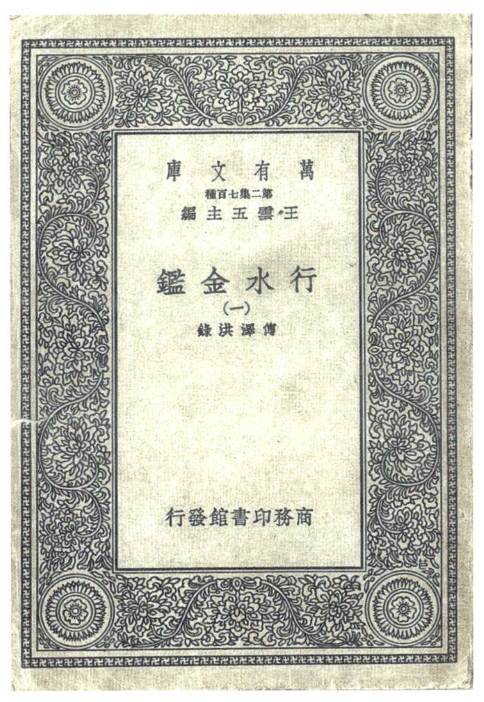

中国古代重视治水的文献资料

大兴区文物所收藏的《保卫神京》木匾

拜访永定河老河工

第三节
古都华章　皇家苑囿

一、南海子基本情况

（一）基本情况

南海子又称南苑，是元、明、清三代皇家苑囿。地处北京城南 10 公里，面积约 210 平方公里，是古代北京地区规模最大、历时最久的皇家游猎场所。南海子的形成和发展与我国北方的几支少数民族的兴起有直接关系，是在北京逐渐发展上升为封建王朝统治中心的过程中，为了满足帝王的娱乐和狩猎活动的需要，逐渐演变成一座皇家苑囿。

（二）发展历史

南海子的历史可以上溯至辽代。中世纪初，西辽河上游的一支少数民族——契丹族崛起，建立了大辽王朝。契丹是源于东胡鲜卑族的一支游牧民族，很善骑射，以游牧、狩猎和捕鱼为业。辽定南京（即今北京）为陪都之后，南京郊外一带便新辟为“春捺钵”的场所。1115 年，活跃在松花江一带的游牧民族——女真族建立金朝。金灭辽后，于金贞元元年（1153）迁都燕京，改名中都。金主完颜亮经常率近侍猎于南郊，并在中都城南修建了一座行宫。由此可见，金代时中都城南郊已成为封建帝王狩猎的重要场所。“围场”之设，即为古代北京地区最早的皇家苑囿的雏形。

13 世纪初，我国北方的又一支游牧民族——蒙古族日趋强盛，忽必烈建立元朝后，至元四年（1267）在金中都旧城东北营建大都。由于蒙古族历来重视骑射，在大都（今北京城）南郊湖沼处多设猎场。当时，由于古永定河主流已经南移，地表径流的变迁也极大地改变了古代北京地区东南部的自然景观，很多湖沼都被称为“飞放泊”。所谓“飞放”，是指在湖沼纵放鹰雕、海东青捕杀鹅雁的狩猎活动。这种活动到元代更为盛行。今南海子一带湖沼因距大都城较近，故名下马飞放泊，至大元年（1308）立鹰坊为仁虞院，又在下马飞放泊筑晾鹰台，建幄殿。

元朝灭亡后，下马飞放泊曾一度荒废。明永乐十二年（1414），永乐皇帝朱棣下令扩充元下马飞放泊。四周筑土墙，辟四门，即北大红门、南大红门、东红门、西红门。

明永乐帝迁都北京后，每年都要在南海子里进行大规模的狩猎和练兵活动。其后 100 多年间，明代诸帝在南海子内大兴土木，先后修筑了旧衙门提督官署、新衙门提督官署以及关帝庙、灵通庙、镇国观音寺等建筑。同时按照二十四节气，修建了“二十四园”，派千余名海户放养和守护苑中禽兽。明正统帝、成化帝、弘治帝、正德帝、嘉靖帝等，也都经常出猎于此。经过明代历朝的多次营建修缮，南海子成为北京南郊著名的皇家苑囿。

清朝入主中原后，把南海子作为皇家苑囿重加修葺，并改称南苑。自清顺治到乾隆年间，先后在南海子内修建了 4 所行宫和 10 多处庙宇。有旧衙门行宫、新衙门行宫、南红门行宫、团河行宫以及德寿寺、永慕寺、宁佑庙、元灵宫等。经过 100 多年的精心营建，南海子中湖沼如镜，林木葱茏，鹿鸣双柳，虎啸鹰台，百鸟翔集，一派生机，与北京西北郊的“三山五园”遥相辉映。

二、南海子的文化聚集区

（一）晾鹰台

晾鹰台位于瀛海镇南宫西北 1.5 公里处，是南海子历史上最悠久、文化底蕴最深的一座囿台，始建于元代，至今已有 700 多年。

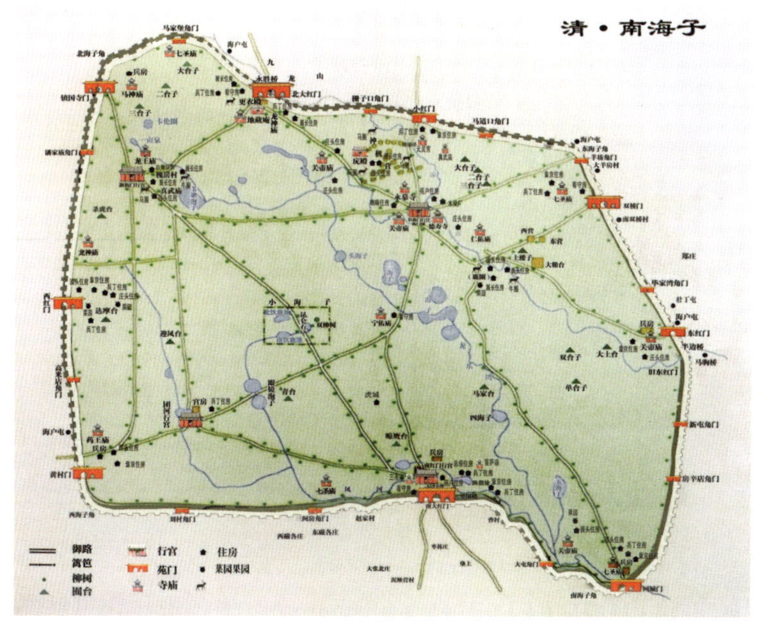

清代大兴南海子全景示意图

放鹰捕猎是元人最原始的一种狩猎形式。他们习惯用训练好的鹰雕捕捉天鹅、大雁。鹰雕经过与鹅雁激烈搏斗，周身是汗，需到高处晾晒羽毛，因此得名“晾鹰台”。元代帝王在此放鹰捕猎，清代帝王在此殪（yì）虎、赛马、阅武，非常热闹。

（二）团河行宫

团河行宫地处南海子南端，建于乾隆四十二年（1777），面积为 27 公顷，水面 4 公顷，分为东、西两湖，湖东南为宫殿建筑，湖北为园林建筑，是北京地区最大的一座行宫。它不仅是皇帝休闲、打猎、娱乐之处，而且是皇帝理政的地方。它是乾隆皇帝致力于满汉文化融合、与王公大臣研习汉文化的重要场所，寓含了大量的历史文化和宫廷文化。团河行宫是乾隆皇帝四下江南之后修建的，因此充满了江南韵味，颇具苏杭园林风光特色，独特的建筑风格给后世留下了宝贵的文化财富。团河行宫作为京南最大的皇家行宫，清朝历代帝王和文人在这里留下了大量与团河行宫相关的诗句和字画，清乾隆皇帝曾在团河行宫多处题诗写匾，这些都为后人研

郎世宁《乾隆皇帝大阅图》

究清代文化及诗歌、书画艺术留下了宝贵的历史财富。团河行宫不仅有悠久的历史和深厚的文化底蕴，更以其巨大的变迁和充满传奇、神秘的色彩吸引着世人。

（三）德寿寺

《日下旧闻考》载："德寿寺山门三间，东西建坊二，大殿五间，东西配殿各三间，殿后随墙门内为御座房。""规格崇丽，庭中金鼎，范治精致。""营造特为宏敞，蔚然杰构。"殿内供奉释迦牟尼及阿兰迦舍佛。自改为皇家寺院后，乾隆或在狩猎时到此驻跸诵经，或专门到此膜拜。另外，每年皇族由东陵转至西陵祭祖时，也定在此处驻跸。德寿寺因此曾经显赫一时。顺治帝在此迎谒过五世达赖，乾隆帝在此谒见过六世班禅。《日下旧闻考》称这两次谒见是"后先辉映，实为国家盛事"。

1900年，八国联军抢走德寿寺的金鼎和大量古籍法帖。民国年间德寿寺被焚毁，仅存两碑。双碑为重修德寿寺时敕建，立于大殿院内，均为汉白玉制，分居东西面南而立。两碑形制相同，螭首龟趺，通高7.50米，龟座长3.30米，高2.05米，碑身面宽1.80米，厚0.93米。碑首四龙盘顶，碑四边浮雕龙云宝珠。雕工精细，为北京地区罕见。碑阳镌刻乾隆帝所撰《重修德寿寺碑记》和《宝鼎歌》，碑阴及两侧镌刻乾隆帝《题德寿寺》等诗六首。东碑镌满文，西碑镌汉文。诗文记述乾隆四十五年（1780）西藏六世班禅额尔德尼在德寿寺觐见乾隆皇帝的历史盛事，是研究清政府与西藏佛教领袖密切关系的重要实物资料。

（四）旧衙门行宫

旧衙门行宫位于黄村镇东北 15 公里，原址为今旧宫村，系明宣德三年（1428）在南海子内所设提督官署衙门所在之地。清顺治十五年（1658），在旧衙门基础上重加修葺，成为清代在南海子中的第一座行宫，简称旧宫。因其位于南苑东侧，被皇家称为东宫，是清代帝王来南海子阅武、临幸、驻跸之地。

团河行宫御制碑

（五）新衙门行宫

新衙门行宫在南海子北部，距镇国寺门内五里许，即今丰台区新宫村，系明代在南海子中所设提督官署所在地。清顺治十五年（1658）在新衙门官署基础上重新修葺，成为清代在南海子中的一座行宫，简称新宫。因其位置在东宫（旧衙门行宫）西隅，又被清朝称为西宫。

（六）南红门行宫

南红门行宫位于大兴县城东 10 公里的南宫村，因该村西侧建有清代南海子行宫，行宫距南大红门内里许，故曰“南红门行宫”，简称“南宫”，村落也因此而得名。

南宫比旧宫略小一些，“东西宽二十二丈，南北进深四十五丈五尺”，占地面积约16.7亩，与新宫相当。南宫建造虽不如其他南海子行宫宏伟，但处于南海子最南部，周围平原开阔，并有凤河围绕，水草丰盛，风光绮丽，清圣祖康熙在此建行宫，是因为在它的北部不足一公里的地方，就是“择为大阅之地的晾鹰台”。每当恭迎大阅之时，南红门行宫则为驻跸之地。

三、南海子的主要功能

（一）行围狩猎

行围狩猎是辽契丹、金女真、元蒙古及满族一脉相承的民俗。据《金史·列传》记载：“契丹之人，以逐水草牧畜为业，穹庐为居，迁徙无常。”这也被称为“春捺钵”。到了金代，女真人循沿了辽代“捺钵”之制。据《大金国志》记载：“谕尚书省，将循契丹故事，四时游猎，春水秋山，冬夏捺钵，旧人犹喜谈之，以为真得朕乐之趣，陛下放手耳。”到了元代，蒙古族仍是游牧兼狩猎民族，生活地点漂泊不定。据《史集》记载：“蒙古

南海子公园大门

国窝阔台春天戈猎在和林之北。夏天迁至月儿灭怯土草地，秋天射猎于阔阔脑儿与乌孙豁勒之间，冬尽则避寒于汪吉河一带。”元代帝王和契丹、女真族一样，也具有融入血液的骑射狩猎传统。正如《元史·兵志》所载：“冬春之交，天子亲幸近郊，纵鹰隼搏击，以为游豫之度，谓之飞放。”自辽升幽州（今北京）为陪都，金定此为中都，元又在此建大都后，辽、金、元各代帝王均常到城南泽淀地域或“春捺钵”，或“春水”，或“飞放”。

康熙皇帝像

到了明代，幽燕地区虽逐渐恢复了农耕为主的汉文化，但受北方民族游猎文化的长期影响，永乐十二年（1414）围筑建起南海子皇家苑囿后，这里的狩猎功能依然十分显著。明《大政记》记载：“南海子设海户千人守视，自永乐定都以来，岁时蒐狩。”明《御制灵通庙碑》记载：“虽育养禽兽供御之所，亦先朝以时狩猎讲武之地，不可废也。”另据明史料记载，明中期以前，明成祖、英宗、武宗、穆宗等皇帝常借到南郊大祀天地的机会，到南海子逐猎。

清军入主中原，因满族本是女真族后裔，所以从骨子里仍延续着“金都四时皆猎”游猎文化的血脉，特别是清代帝王通过经常举行围猎活动以演武强兵，成为夺取中原胜利的重要因素之一。正如清《国朝宫史》所记：满族“因娴于骑射，所以野战，则克攻城，则败天下”。清太宗皇太极曾明确指出：国家以骑射为业。清圣祖康熙皇帝于康熙四十三年（1704）

曾下谕旨："今天下太平，海内无事，然兵可百年不用，而不可一日无备。"正因为清代帝王始终把行围狩猎作为演武强兵的主要手段，所以，清代的南海子（南苑）用于行围狩猎的功能比以往各代更为突出。

（二）演武阅兵

历朝历代安邦定国都离不开文治武功，尤其对靠武力夺取天下并开疆辟土的朝代而言更是如此，而强大的军力均是靠平时不断的演练而来。因此，各代统治者无不特别重视演武练兵，时刻不忘武备。自古以来，演武练兵往往是与行围狩猎结合在一起，以围习武，以猎练兵。辽、金、元、明、清历朝，南海子均为皇家狩猎场，自然也是历朝各代皇家最重要的演武阅兵的地方。

早在辽金时期，南海子地域即是朝廷演兵阅武之地。据《辽史》记载，"晋遣使进弓矢。甲申，遣皇子天德及检校司徒邸用和使晋。戊子，阅骑兵于南郊"及"六月丙申，阅步率于南郊"。另据《金史》记载："大定十一年前，承安元年，省臣奏：南郊大礼，大驾卤簿当用人二万一千二百一十八，马八千一百九十八。世宗亲行郊祀，仗用七千人。"

大兴皇家园囿南海子遗址

到明代，建起南海子皇家苑囿，虽“岁猎以时，讲武也”的狩猎与演武兼而有之的功能乃在延续，但明中期以后，南海子“演武”的功能已退居次要地位，基本转化成为帝王游乐的场所。

到了清代，清代统治者清醒地认识到正是因有强大的军力才问鼎中原一统天下，所以他们特别重视对八旗部队的演武训练，时刻不忘武备。南海子的地理位置和广阔无垠的场地，为演兵阅武提供了极好的条件。正如清《天咫偶闻》所记：“南海子，明代上林苑也，国朝因为阅武畋狩之所。”

（三）驻跸临憩

驻跸临憩是指古代帝王在皇宫以外的地方暂停留宿，临时休息。一般驻跸在专门为其修建的行宫别苑里，从商纣王修建“沙丘”至清末修建“颐和园”，3000 多年里，几乎每个朝代的帝王为了自己的游幸享乐等需要，都要择址在风景优美、环境幽静的地方修建离宫御苑。清军入主中原后，本是马背民族的清代帝王，很不适应紫禁城内类似禁锢的生活，南海子这座广衍无垠、距京城最近的皇家苑囿很快就成了他们最为理想的离宫

大兴皇家园囿南海子遗址

御苑，更是常来此驻跸临憩。久而久之，南海子遂成为紫禁城皇宫外又一皇权中心。

（四）经筵理政

经筵，是专为古代帝王讲经论史而特别设立的御前讲席典制。自汉唐至明清历代传承，尤以清圣祖康熙皇帝最为重视。他8岁登基，即勤于经筵，皆不辍讲。至康熙十六年（1677）康熙皇帝决定改隔日经筵为日日进讲。

因南海子皇家苑固有行围狩猎、演武阅兵等重要功能作用，使康熙皇帝频繁驾临。为了驻跸期间不影响经筵学习，康熙皇帝谕旨将经筵讲学移至南海子旧衙门行宫前殿举行。

乾隆时期，“别苑理政”已成惯例，在重新修葺的旧衙门和新衙门两座行宫中，专门设置了“奉事处”和御前大臣值房，并在宫门两侧新建有东、西朝房。大臣们在此随时等待召见或捧折本面奏。乾隆三十七年（1772）至四十二年（1777）修建团河行宫时，除在宫门外仍建有东、西朝房外，还在二宫门外设有“军机处”，而二宫门里的“漩源堂”就是乾隆皇帝召见军机大臣等官员议事和处理政务之所。

另外，清代帝王还利用驻跸临憩别苑理政之时，在南海子接见外藩和少数民族首领。如顺治皇帝曾于顺治九年（1652）十二月十二日，以“南苑畋猎，不期而遇”为名，在旧衙门行宫前举行仪式，迎接西藏五世达赖喇嘛；康熙十二年（1673）正月，康熙皇帝在南海子晾鹰台举行大阅，特邀15个少数民族部落首领随观；康熙十九年（1680）十月初九日，康熙皇帝在旧衙门行宫，接见了奈曼部落君王俄齐尔、公格勒尔，赐弓箭、撒袋各一；乾隆二十三年（1758）十一月南海子大阅，乾隆皇帝邀请右部哈萨克、布鲁特、塔什罕部落首领前来观摩。清代帝王通过南海子会阅、赐宴等活动，抚绥怀柔，长驾远驭，加强了与边疆少数民族部落的联系，对维护国家统一发挥了重大作用。

（五）皇庄庖厨

明代的南海子即隶属于上林苑蕃育署，育养家畜家禽，种植果木菜蔬。还专门设有二十四园，种植奇花异果，以供宫廷御用。《宸垣识略》记载："明永乐年间……育养禽兽，又设二十四园，以供花果。"《帝京景物略》也记载："蓄养禽兽，又设二十四园以栽花木，专供皇帝游猎玩赏。"明代著名诗人吴伟业在《海户曲》中就写有"葡萄满摘倾筠笼，苹果新尝捧玉盘""芳林别馆百花残，廿四园中灿漫看"的诗句。另外，从明朝各代"帝王实录"史料中，也有将众多宫人"命发南海子种菜"的大量记载。由此可见，南海子已是明皇宫重要的食品基地。

四、与大兴有关的碑刻诗词

大兴历史悠久，历史遗迹众多，既有封建帝王政治活动的浓墨重彩，也有文人墨客吟风弄月的闲情雅致，所有这些都在大兴的历史上写下了重重的一笔。翻开历史典籍，常有关于大兴风土人情的介绍，漫步大兴城镇乡村，常见帝王将相、文人雅士歌咏大兴美景的碑刻。其中南海子里的碑刻占据着重要地位，这些文字、诗篇无不具有极高的艺术价值和文学价值，对于提升大兴的

海子行（碑刻）

文化形象具有非常重要的作用。桑田沧海，诗词中吟诵的许多景色、建筑随着时间的推移可能消失在历史长河中，可是文字不朽，许多诗篇至今仍被人们所传诵，这是大兴人的骄傲。作为区域内重要的非物质文化遗产资源，大兴人有责任让这些优美的词句一代一代地传承下去。

1. 历代诗歌

卢　沟

宋・范成大

草草舆梁枕水低，匆匆小驻濯涟漪。
河边服匿多生口，长记轺车放雁时。

奉使契丹二十八首　渡桑干

宋・苏辙

北渡桑干冰欲结，心畏穹庐三尺雪。
南渡桑干风始和，冰开易水应生波。
穹庐雪落我未到，到时坚白如磐陀。
会同出入凡十日，腥膻酸薄不可食。
羊修乳粥差便人，风隧沙场不宜客。
相携走马渡桑干，旌旆一返无由还。
胡人送客不忍去，久安和好依中原。
年年相送桑干上，欲话白沟一惆怅。

行卢沟之南书所见

元・卢亘

幽蓟忽如九天上，俯视左右分秦齐。
万里南来太行远，苍龙北峙飞云低。
冈回一崦花柳暗，川平百里风遂迷。
丈夫出门自有乐，人生何必常栖栖。

竹枝词

明·邵经邦

沙浑石涩平山椒，苦来桑干水一条。

流水卢沟成大镜，石椅狮影浸拳毛。

卢沟桥南发

明·王洪

河上人家尚掩扉，河中孤月荡寒辉。

清霜古店闻鸡早，落叶空林见客稀。

飞雁渐随秋影没，远山还映曙光微。

壮游记得东南道，疋马高吟此际归。

游凉水河

明·邵经邦

凉水河边路，依稀是故乡。

野亭穿径窄，溪柳夹川长。

隔岸闻新曲，回车露浅妆。

乘春且随意，莫负碧霞觞。

上黄金台

明·金幼孜

迢递高台近日边，偶来登览向依然。

万家禾黍秋风外，十里旌旗落照前。

远郭砧声来杳杳，平原车骑去翩翩。

黄金漫说能招士，千载犹传郭隗贤。

随驾猎南海子

明·金幼孜

暖日融融静鼓鼙，条风拂拂动旌旗。

柳间饮马春泉细，花里闻莺昼漏迟。

近苑猎回犹赐馔，行宫朝罢更题诗。

晚来独向都城望，云拥蓬莱五色垂。

自黄村归草桥

明·汤右曾

按鹰台北接春郊，信马闲行未觉遥。

尺五城南好光景，到天烟色柳条条。

右安门外旧池亭，别墅参谋堂右丞。

今日草桥清浅水，还留一缕照衰兴。

夭桃秾杏一时开，上巳风光次第来。

向有殿春红芍药，连胜十里到丰台。

过张华故宅

明·姜应甲

荒然一宅晋春秋，漫漶难凭指故丘。

匣剑已闻穿屋去，井栏犹见傍村留。

姓多子孙惟耕凿，居散图书忆较雠。

四百余篇传十卷，当年博物未全收。

聚燕台

明·李元宏

燕来各有巢，盖归云有国。

秋风吹荒台，社散燕来即。

嘈杂万声中，去住两心逼。

曰余巢此都，岁见雏蕃育。
巢也无盛衰，居者易兴革。
画藻去年如，故人觅不得。
昨过棘篱边，故人瘁颜色。
旧德胜新巢，移共汝恻恻。
岂无新鲜泥？爱惜旧心力。

海户曲

明·吴伟业

大红门前逢海户，衣食年年守环堵。
收簖腰镰拜啬夫，筑场贳酒从樵父。
不知占籍始何年，家近龙池海眼穿。
七十二泉长不竭，御沟春暖日涓涓。
平畴如掌催东作，水田漠漠江南乐。
驾鹅鹝鹈满烟汀，不枉人呼飞放泊。
后湖相望筑三山，两边神州咫尺间。
遂使相如夸陆海，肯教王母笑桑田。
蓬莱楼阁云霞变，晾鹰台上何王殿。
传说新罗玉海青，星眸雪爪飞如练。
诈马筵开挏酒香，割鲜夜饮仁虞院。
二百年来话大都，平生有眼何曾见？
头白经过是旧朝，春深惯锁黄山苑。
典守唯闻中使来，樵苏辄假贫民便。
芳林别馆百花残，廿四园中烂漫看。
记得尚方初荐品，东风铃索护雕栏。
葡萄满摘倾筠笼，苹果新尝捧玉盘。
赐出宫中公主谢，分遗阙下侍臣餐。
一朝剪伐生荆杞，五柞长杨怅已矣。

野火风吹蚂蚁坟，枯杨月落虾蟆水。
尽道千年苑囿非，忽惊万乘车尘起。
雄图开国马蹄劳，将相风云剑槊高。
帐殿行城三十里，旌旗猎猎响鸣鞘。
朝鲜使者奇毛进，白鹰刷羽霜天劲。
旧迹凌歊好放雕，荒台百尺登临胜。
俊鹘重经此地飞，墨河讲武当年盛。
吊古难忘百战心，扫空雉兔江山净。
新丰野老惊心目，缚落编篱守麋鹿。
兵火摧残泪满衣，升平再睹修茅屋。
衰草今成御宿园，豫游只少千章木。
上林丞尉已连催，洒扫离宫补花竹。
人生陵谷不须哀，芦苇陵塘雁影来。
君不见，鄠杜西风萧瑟里，丹青早起濯龙台。

大兴县八景

清·张茂节

星台晓景

高台千尺郁嵯峨，晓色曈曈瑞霭多。
自是虞廷齐七政，却教掌上数星河。

云塔夕登

浮图耸峙碧霄间，法界森森万象间。
放眼凌虚驰夕望，五云缭绕万重山。

满井春

树里新丰有万家，连钱宝马七香车。
京都士女逢佳日，竞与春风斗丽华。

潜艘午渡

关河百二历梯航，玉食从来统万方。
但愿太仓禾粟满，遥看锦缆引牙墙。

鱼塘濯锦

绿杨深锁画楼低，芳草油油接御堤。
却羡锦鳞游化日，好吟在藻颂凫鹥。

燕社鸣秋

旧垒新雏绕屋鸣，年丰社鼓报秋晴。
从来上苑多蕃植，燕语呢喃话太平。

夕刹古棠

阴森绀宇锁芳菲，澹着胭脂冷翠微。
留得春光供醉赏，朝回几个典春衣。

亦园新柳

尽日柔条漾麴空，三眠乍起绿初匀。
长杨十万方回猎，枚马谁为献赋人。

（摘自康熙年间《大兴县志》）

西红门

清·查慎行

红门草长少飞埃，万里平畴掌上升。
一道修眉浓似画，近南遥识晾鹰台。

2. 帝王题诗

德寿寺诗

清·顺治帝

持身崇孝理，清净契真如。

岁久开金寺，时来降玉舆。

晾鹰台

清·康熙帝

清晨漫上晾鹰台，八骏齐登万马催。

透望九重云雾里，群卧就景献诗来。

南苑双柳树诗

清·乾隆帝五年御制

南苑双柳树，昔日何葱青。

两株立平原，千丝织晚情。

因循失其一，独树若无荣。

至今行路人，犹道双柳名。

岂无补植者，枯萎率不生。

嗟哉草木质，尚有相怜情。

徘徊不能去，长歌代柳鸣。

双柳树诗

清·乾隆

南苑双柳树，厥名亦已久。

临池弄清阴，婉婉盖数亩。

岁月与俱深，麋鹿相为友。

昔曾枯其一，秋风自凄吼。

何人见怜之，补种复成偶。

我闻未枯树，却种曾枯后。

迭为主与宾，遑论新兮旧。

曰名不如实，斯柳以名寿。

南红门行宫对月有作

乾隆七年御制

去岁龙沙试秋狝，关山月色闲吟遗。

今宵桂魄还分明，离宫照我无限情。

谁知几缺覆几圆，暗换今年与去年。

去年月即今年月，何必视昔空怅然。

白露扬扬衣袂冷，倚楹相对忘怀永。

南苑赐哈萨克布鲁特塔什罕回人等观烟火灯诗

清·乾隆帝二十三年

灯火城南六十春，重观因赉远方人。

村民遥近扶携至，不禁金吾例可循。

海户谣

清·乾隆帝二十八年

海户给以田，俾守南海子。

常年足糊口，去岁胥被水。

以其有恒产，不与齐民比。

账贷所弗及，是实向隅已。

我偶试春蒐，扫涂仍役使。

蓝褛洵可怜，内帑宁惜此。

一千六百人，二千白金与。

稍以救燃眉，庶免沟中徙。

并得贳春种，青黄藉有恃。

道旁纷谢恩，菜色颇生喜。

尔喜我所惭，过不他人诿。

凉水河诗

清·乾隆帝三十九年御制

凉水出凤泉，玉泉各别路。

源出京西南，分流东南注。

岁久未疏剔，率多成沮洳。

漫溢阻道途，往来颇致误。

王政之一端，未可置弗顾。

迩年治水利，次第修斯处。

建闸蓄其微，通渠泻其怒。

有节复有宣，遂得成川巨。

川傍垦稻田，更赖资稼务。

南苑红门外，历览欣始遇。

或云似汇乡，宁饰江乡趣。

兴农利旅然，永言识其故。

南红门外作

清·乾隆帝四十二年御作

南苑行宫逐顿移，东巡此日信遵逵。

红门外便烟村接，历览农桑兹始之。

秋麦已长春麦萌，不教猎骑躏纵横。

柳围村识青云店，忆我少年觅句行。

凤河一再渡桥楮，荡漾浑流每藉兹。

设使不为之字绕，清波直泻虑无遗。

大兴县境接东安，儒士耆民载道欢。

绞缚采棚申祝贺，得无程督地方官。

鉴止书屋

清·乾隆帝四十五年御制

结构率临池，是处富于水。

璇源言其实，涵道言其理。

书屋别一曲，爰名曰鉴止。

动实滥于面，止乃澈其底。

澈底鉴斯明，孰能混藏否？

偶来俯空澄，心境两清美。

不波胜其波，有鉴谓多矣。

海子行

清·乾隆帝

元明以来南海子，周环一百六十里。

七十二泉信非征，五海至今诚有此。

诸水实为凤河源，藉以荡河防运穿。

岁久淤阏事疏治，无非本计廑黎元。

蒲苇戟戟水漠漠，凫雁光辉鱼蟹乐。

亦弗恒来施矰缴，徒说前朝飞放泊。

迤南有台高丈余，晾鹰犹踵前明呼。

其颠方广不十丈，元院何以容仁虞？

二十四园泯遗迹，耕地牧场较若画。

是何有于国用资，裕陵诏渝量斯窄。

所存新旧两衙门，中官尔日体制尊。

一总督更四提督，有如是夫势焰薰。

内虚外怨祸来乍，大军曾此经南下。

阉逃不知何所之，纵横路便黄羊射。

胜朝庞殿但存名，颓垣落桷埋榛荆。

葺为驷厩飞龙牧，时得良骑出骏英。

沿其成例海户守，刍尧往焉雉免否。
设概听之将无禽，如杀人罪则何有？
少时习猎岁岁来，猎余亦复摅吟裁。
五十年忽若一瞥，电光石火诚迅哉。
即看平原双柳树，叠为宾主凡几度。
世间万事付不知，风摆长条只如故。

团河行宫八景

清・乾隆帝

璇源堂

河源何事更称璇，玉润由来溯本然。
洁治书堂俯嘉德，标其生亦在方圆。

涵道斋

斋额奚因涵道称，绎思水德在清澄。
内存心及外临事，舍二又将何所能。

狎鸥舫

室如舫耳原非舫，取适名之日狎鸥。
我岂诗人卢杜类，箕畴惟是慎先忧。

归云岫

假山既可称云岫，何必真云不可归。
课果为霖自肤寸，继沾诚足泽农机。

珠源寺

团河本是凤河源，疏釃南流清助浑。
必有司之惠万物，瓣香嘉澍吁垂恩。

镜虹亭

以照言波则曰镜，喻形映日又称虹。
似兹假借诚繁矣，水本无知付以空。

漪鉴轩

水裔之轩漪鉴名，偶临遂与绎思情。
漪常喻动鉴取镜，要在不波乃得平。

清怀堂

堂临碧沼额清怀，白芷绿蒲景已佳。
怀在胸中清在境，其间宾主以毋乖。

团河行宫诗

清·乾隆帝四首

（一）

团河本是凤河源，疏浚放旁筑馆轩。
断手三年未一到，临看此日识长言。
非关疏懒身无暇，惟爱朴淳忠弗谖。
流出清波刷浑水，资安永定意斯存。

（二）

庚子于斯一度经，兹来信宿跸应停。
落成时已数年阅，题句那辞七字宁？
何必盆中花弄紫，即看墙外柳含青。
因疏泉遂僻行馆，知过论中早自铭。

（三）

密云犹自恋春朝，行馆都无廿里遥。

积雪郊原因罢猎，念烟林木足供谣。
弗认构筑一宵宿，聊答景光七字调。
庚子壬寅兹丙午，五年瞬息片时消。

（四）

宿雨曾惟一寸滋，麦无益祇濯花枝。
溪高山馆于曾侯，梨白杏红正及时。
岂不临芳堪悦目，却因待泽少闲思。
隔年到那无言去，促就犹嫌鲜妥辞。

第四节 红色平南 英雄大兴

一、红色文化的含义

（一）红色文化概述

红色文化是在革命战争年代，由中国共产党人、先进分子和人民群众共同创造并极具中国特色的先进文化，蕴含着丰富的革命精神和厚重的历史文化内涵。

红色文化应有广义和狭义的理解，广义的红色文化是指世界社会主义运动历史进程中人们的物质和精神力量所达到的程度、方式和成果；狭义的红色文化是指中国共产党在领导中国人民实现民族的解放与自由以及建设社会主义现代中国的历史实践过程中，凝结而成的观念意识形态。

大兴是一片红色的热土，早在 1930 年，平杰三就在河北省民众教育馆黄村创建了大兴第一个党支部，播下了红色的种子。“一二·九”学生运动后，组成南下宣传团宣传抗日，在青云店镇、礼贤镇开展了多次活动。随后抗战开始，大兴人民奋起反抗，在中国共产党的领导下，开展武装斗争。解放战争时期，在大兴发生了礼贤保卫战、庞各庄保卫战、骑兵师激战等多次战斗。大兴的红色文化是平南红色文化的重要组成部分。

红色大兴的史料（部分）

（二）红色平南

平南泛指北平以南、平汉铁路以东、永定河以北、廊坊以西的广大区域。这里主要是永定河流域，环境复杂，地理位置重要，交通方便，历来是兵家必争之地。英雄的平南人民在中国共产党的领导下，团结一致，同仇敌忾，前仆后继，为争取民族独立和人民解放作出了重要贡献。

1937 年 10 月 14 日，国民革命军第五十三军第六九一团团长吕正操在晋县誓师抗日，改称人民自卫军，与河北游击军等抗日武装积极开展游击战争。至 1938 年 4 月，相继建立了 38 个县的抗日政权。至此，东起津浦路、西至平汉路、北起平津、南至沧（县）石（家庄）路之间的冀中根据地初步建立，并成为晋察冀边区抗日根据地的重要组成部分。至 1938 年下半年，晋察冀根据地已建立起北岳、冀中、冀东、平西和平北 5 个抗日政权。

1938 年 10 月，冀中军区根据敌后抗日武装斗争的发展，正式划定平津保三角地带为冀中军区第五军分区（简称五分区）。宛平、大兴、涿县、良乡、安次、永清、固安、霸县、雄县、武清、容城、定兴、新城等县为五分区区域。

1940 年 8 月 1 日，冀中五分区改称冀中十分区，位于平汉铁路平保段东南、北宁铁路平津段西南、大清河以北的三角地带，辖现在行政区划的河北、北京、天津三省市的永清、霸县、固安、雄县、容城、大兴等 7 个县的全部，廊坊（原安次）、涿州（原涿县）、定兴、武清、房山（原宛平、良乡）等县、市、区的大部或一部，总面积约 8000 平方公里。

冀中十分区被称为晋察冀根据地的兵源和粮仓，大兴子弟源源不断地加入革命队伍，随部队转战京津冀晋蒙，这些地区与今天的西山永定河文化带核心区域高度重合，是永定河红色文化的重要组成部分。

（三）红色故事

故事是文化最好的载体，也是最鲜活的载体。一个好故事胜过一打大道理，因为好故事更能打动人、感染人。

地方红色故事的挖掘与整理，是以地方革命叙事来丰富和补充全国性的叙事，是将宏大的革命历史具体化、在地化和零距离化，而红色故事被嵌入本地社会，甚至与家族的血缘关系或者村庄共同体的地缘关系相勾连，红色精神就可以与当下生活着的每一个人的生命和情感发生关系。

今天，在大兴区的永定河沿岸，不仅遗存着一处处重要的治水遗迹，还流传着一个个让人热血沸腾的革命故事。为战胜水患，大兴人民无私地奉献着自己的智慧和汗水；为抵御外侮，大兴人民更不惜抛头颅洒热血。

抗日战争爆发后，大兴及邻近地区党组织重新建立，并根据斗争形势的发展，陆续建立了民主抗日政权、地方武装力量和抗日救国群众团体组织，逐渐形成了隐蔽的抗日游击根据地，成为冀中根据地坚固的前沿阵地。

大兴的红色故事已经整理成型的主要有：大兴区史志办在 20 世纪

大兴烈士纪念广场

孙恕烈士之墓

华黎（1918~1948），原名张清柳，河北省安平县彭家营人

90 年代组织编写的《大兴英烈》《战斗在永定河畔——大兴县独立营战斗故事选编》；2002 年出版的《大兴县志》第三十一编《人物》中的革命人物故事等。这些故事讲述的是发生在大兴的革命事件、英雄人物，他们也许就是现在大兴人的长辈，是现在大兴人村里的人，故事发生的地点可能就是现在大兴人熟悉的地方。

聆听一段红色故事，就会走进一段波澜壮阔的历史时光。每一段故事背后，都蕴藏着无声的力量。讲述红色故事对于发扬红色传统、传承红色精神，具有重要的作用。

二、大兴地区党的组织

（一）平杰三建立黄村党支部

大兴区第一个中国共产党支部，成立于 1930 年 8 月，直属中共北平市委。1930 年 6 月底，中共北平市委书记胡锡奎、组织部长李烈飞（又名李力果）派共产党员平杰三到黄村，任职于河北省立实验乡村民众教育馆，

平杰三

以此为掩护，开展建党工作。平杰三在民众教育馆内的进步青年中传播革命思想，先后发展张秀中、甄柳峰、小梅3名党员。同年8月，正式成立中共黄村支部，平杰三任党支部书记。中共北平市委组织部长李烈飞参加支部成立大会。黄村支部成立后，以黄村火车站的检修工、扳道工为主要工作对象，成立黄村火车站赤色工会小组；张秀中和甄柳峰负责农民工作，成立农民夜校和识字班；小梅负责学生工作，以第十八中学的学生为主要工作对象，培养骨干分子。1930年9月，黄村党支部以教育馆的名义在礼堂集会、散发传单，号召民众组织起来，与反动势力做斗争。后平杰三因身份暴露被馆方解雇，张秀中继任党支部书记。12月上旬，党支部再次组织百余人召开斗争大会。后张秀中、小梅被馆方开除，甄柳峰被驱逐，黄村党支部不复存在。平杰三同志在新中国成立后曾任中共中央统战部副部长、中顾委委员。

（二）大兴地区第一个抗日政权——“固安十一区抗日区政府”

1939年，按照冀中五地委指示，固安县抗日民主政府开辟永定河北的固安十一区，来步云任区长。同年年底，固安十一区所辖26村相继建立了抗日村政权和农救会、青救会、妇救会等群众抗日团体。

（三）宛平县抗日政府建立

1939年年底，宛平县抗日武装——宛平县基干大队成立，1940年春，组建两个联区：一联区区长赵建华，二联区区长王志民，区农会主任刘孟儿。

（四）大兴区第一个农村党支部

1940年11月，二联区农会主任刘孟儿，秘密到刘各庄村开展工作，发展了4名党员，成立了抗战以来大兴县第一个农村党支部。这些党员在抗日斗争中，发挥了积极作用。

1945 年平南县敌工部人员合影

（五）中共平南工委

1943 年 10 月，为开辟平南根据地，撤销三联县二联区，成立中共大（兴）、宛（平）、安（次）、永（清）、固（安）、涿（涿县）、良（乡）“七字工委”和“七字办事处”。1944 年 2 月，经冀中十地委批准，“七字工委”改称中共平南工作委员会，简称“平南工委”，“七字办事处”改称平南办事处。

（六）平南县建立

1944 年 10 月，中共冀中十地委和十专署决定建立平南县，县委下设组织部、宣传部、敌工部；县政府下设民政、财政、实业、教育四科。平南县的建立，标志着平南一带已由敌占区变为抗日游击区。

（七）大兴县和涿良宛县建立

1945 年 3 月，中共冀中十地委、十专署决定撤销平南县，划分为大兴和涿良宛两县。大兴县设 5 个区：一区青云店、二区采育、三区礼贤、四区黄村、五区南苑。涿良宛县设 4 个区：一区涿县码头、二区良乡窑上、三区庞各庄、四区榆垡。

（八）人民武装发展历程

七七事变爆发后，大兴人民自发地拿起武器，投入了民族解放战争中，组织起了自卫队、义勇队、联庄会等队伍，其中部分人员先后加入八路军第三纵队一支队。1938 年 10 月，晋察冀边区正式划定该地区为冀中军区第五分区。1939 年 5 月，在一支队的基础上成立了二十七团、二十九团、三十二团，这些部队后来成了冀中十分区的主力部队。

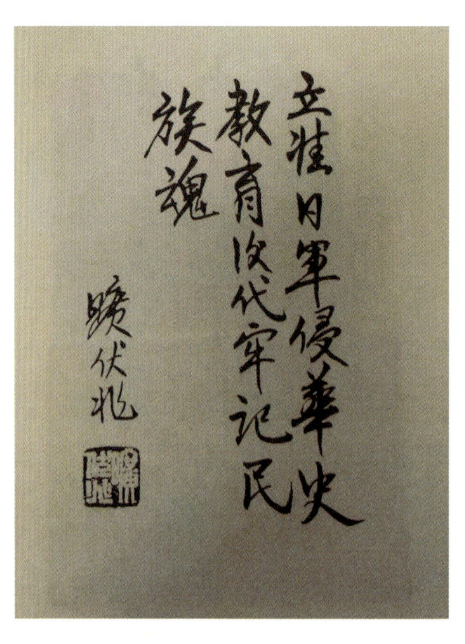

旷伏兆题字

1940 年 8 月 1 日，冀中五分区改称十分区，五地委改称十地委。第二十七团、第二十九团后随吕正操调入晋绥军区与第十八团合并为晋绥军区第二十七团。1945 年 8 月，以冀中十分区第三十五地区队为基础，组建冀中军区七十五团。1941 年 12 月，由冀中军区三十二团后台战斗后组建四十三区队。1945 年 8 月，以该区队为基础组建冀中军区七十六团。抗战末期，冀中地方武装整编成七十七团，1945 年 9 月编入杨成武纵队。另一支由地方部队改编的七十八团后来也编入七十七团，1948 年 5 月称作华北军区二兵团三纵七旅十九团三营。

冀中十分区被称为晋察冀根据地的兵源和粮仓，大兴子弟源源不断地加入革命队伍，随部队转战京津冀晋蒙，这些地区与今天的西山永定河文化带核心区域高度重合，是永定河红色文化的重要组成部分。

在艰苦的战争年代，大兴区人民一直坚持斗争，与日本帝国主义和国民党军队坚持武装斗争，名称也有多次变更，抗日战争时期为大兴县大队，1945 年 11 月到 1946 年 3 月改称大兴支队。因为形势的需要，在和平谈判期间改称为大兴县保安大队，后又恢复大兴县大队的名称；1947 年 9 月到 10 月，为了打击地主还乡团的嚣张气焰，成立大兴县保田大队；1947 年 10 月到 1948 年 10 月成立大兴县独立营和涿良宛独立营；1948 年 10 月后成立县大队。

三、发生在大兴的革命事件

（一）团河保卫战

1937年7月7日，卢沟桥事变爆发后，日军派骑兵到团河侦查，并多次挑衅驻扎在南苑的守军。7月25日，二十九军军长宋哲元命令驻守河间的一三二师师长赵登禹增援南苑的佟麟阁部。27日下午，战斗打响，中国守军英勇抗击，伤亡惨重。7月28日，日军在数架轰炸机的掩护下，轮番向中国守军进攻，佟麟阁、赵登禹壮烈殉国，南苑失守，团河南苑保卫战失利。7月29日，二十九军撤出北平，北平沦陷。

（二）长安城义勇队打响民间抗战第一枪

1937年9月，辛庄村民李万兴、刘瑞等20余人在永定河西成立“长安城义勇队”，渡过永定河埋伏在河堤上，对接近埋伏点的日军巡逻队发起攻击，当场击毙、击伤日军20余人，撤退途中义勇队两名队员和前来接应的一名国民党军队副连长牺牲。此战是平南民间武装组织向日寇打响的第一枪。

（三）袭击青云店伪警察所

1944年8月初，中共平南工委敌工部探知青云店伪警察所有步枪40余支，经与分区联系，决定拔掉这个伪警察所。当月中旬，43地区队进入大兴。17日夜，地区队进驻青云店附近的石州营。第二天下午，地区队化装成日伪特务部队，直奔青云店镇内的警察所。经过战斗，击毙俘虏敌20多人，缴枪40余支。

（四）长辛店夺枪

1944年麦收时节，日军担心自卫团的枪支落到八路军手里，下令收枪并将收回的枪支存在长辛店。在倾向抗日的皮各庄伪乡长韩天经的协助下，我军战士将被收的枪支夺回送到分区司令部。针对此事，十分区编写了战歌《奔袭长辛店》。

（五）东北台伏击日军讨伐队

1944年10月，经十分区批准，以四十三区队一个排为骨干，又从各区小队抽调一部分人员，建立了平南县大队，大队长刘启才，政委苏玉振

（兼），副政委何全志。县大队下面有三个排，共百余人。主要活动范围在永定河两岸榆垡、固安、白家务一带。11月的一天，平南县大队和四十三区一支队趁着夜幕的掩护，悄悄越过北宁铁路（即京哈线），急行军来到采育附近的东北台村埋伏下来。在距离采育不远的再城营村里，居住着部分日军和伪军。这些日军从廊坊出来，沿途在各村讨伐抗日家属，杀害我党抗日干部。第二天一早，他们继续出发，向着青云店、魏善庄方向而来，做梦也没想到会遭到我县大队的迎头痛击。激战中，伪军早已逃跑，18个日军被击毙17人。这次战斗，我县大队战士牺牲两人，缴获轻机枪1挺、掷弹筒1个、步枪14支、弹药一批。这是平南县大队成立以来，向北部发展革命力量，跨越北宁线，与敌人的第一次交锋，极大地打击了日寇气焰，也唤醒了那些伪军中尚有良知的中国人。此次战斗后，那些四散逃跑的伪军，很多都悄悄溜回家里，不再为日军干事。

（六）平南抗日战场捷报频传

1944年10月，平南县大队建立后，连续伏击日伪军、攻克敌据点，大兴地区抗日斗争出现新局面。10月25日，平南县大队在郏河村南伏击榆垡据点外出“讨伐”的日伪军，毙敌7人。10月底，县大队在于家场伏击礼贤据点往安定送粮之敌，俘押车伪军1个小队，缴轻机枪1挺、步枪20余支、粮食6车。12月2日，四十三区队1个大队与平南县大队，在东北台村东伏击日伪军“讨伐”队，毙敌17人，缴轻机枪1挺、步枪14支、掷弹筒1个、弹药一批。12月中旬，平南县大队与四十三区队1个大队合编为平南支队，编成后数日，第一场战斗就是智取大狼垡据点，俘伪警备队1个小队30余人。12月底，平南支队夜袭礼贤据点，俘伪军80余人，缴枪70余支。

（七）消灭“胡部”

胡景荣，人称胡二；胡显荣是其叔伯兄弟，人称胡三；两人都是礼贤人。1931年前后，他们在东白塔村土匪安国起处入伙，安被剿后，逃往东北谋生。1939年夏，胡氏兄弟拉起40多人，成为“胡部”。至1941年，共绑票千余人，掠夺牲畜千余头，杀害无辜群众9人。1945年9月，我冀中十分区七十六团、七十八团兵临礼贤，包围胡部。胡二被活捉，胡三逃往安次县大伍龙村，被部下击毙。10 月 7 日，大兴县人民政府在礼贤召开公审大会，将胡景荣正法。

（八）庞各庄保卫战

1946 年 5 月 15 日，国民党政府军两个团约 2000 人向庞各庄进犯。庞各庄为中共宛平县委、县政府驻地，有分区七十五团驻防。5 月初，我军已提前获取国民党军队进攻解放区的准确情报，军分区政委、地委书记旷伏兆亲临庞各庄视察指导，中共宛平县委、县政府与分区七十五团组成联合指挥部，并做好战前准备。战斗打响后，我军多次打退敌人进攻，先后毙伤敌 400 余人。因双方武力对比悬殊，七十五团主动撤出庞各庄。庞各庄失守后，基层村干部和民兵数百人依然坚持战斗，直至 1948 年年底庞各庄解放。

（九）礼贤保卫战

1946 年 5 月 15 日，国民党军队进攻庞各庄的同一天，大兴县委机关驻地礼贤也遭到敌人攻击，所幸第十军分区早已得到情报，县委书记苏玉振与县大队大队长王绍基做好了战斗部署。战斗打响后，依照有利部署多次打退敌人进攻，毙伤敌 40 余人，缴获枪支弹药、食品毛毯等大批军用物资。礼贤保卫战是大兴县县大队成立以来和国民党正规军第一次交锋，并且以少胜多，极大地鼓舞了大兴县党政军民的斗志，为以后坚持、恢复地区的斗争积累了经验。

（十）激战骑兵师

1948 年 2 月，面对国民党对大兴县的军事包围，大兴独立营连夜急行军以摆脱敌人，在刘家铺遭到敌人的王牌军队骑兵第四师。营长王绍基、副政委王凤台临危不惧，冷静沉着，凭借堤坡陡峭、路面狭窄、树木丛生等有利地形，指挥全营指战员，且战且退。经阎家场、刘家铺、孔家铺、韩家铺一直打到赵村一带，和数倍于我军的美式装备的骑兵师激战 3 个多小时。最后在涿良宛独立营接应下突出重围，撤到永定河西，粉碎了敌人的围歼计划。战斗中，毙伤俘敌约 50 人，战马约 70 匹。

（十一）大兴全境解放

1948 年 10 月 13 日，东北野战军占领采育、青云店。同时，七十五团

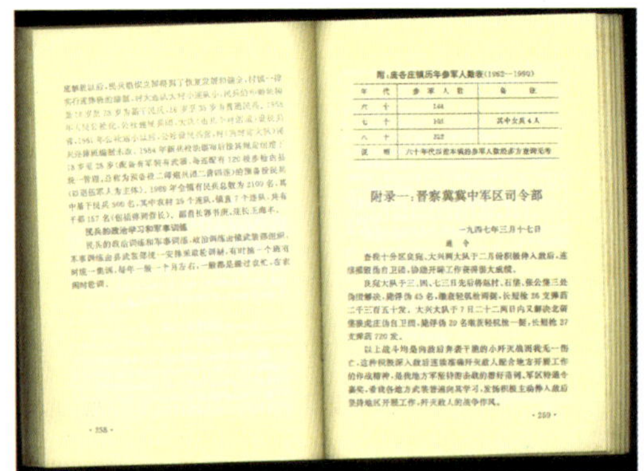

查我十分区大兴、宛平保安队，自五月份反蚕食以来，即积极配合主力或单独作战，时常出没于永定河北岸据点群中，打击小股出犯顽伪，获得不少胜利。

本月九日驻庞各庄蒋军二个排配合伪军一部附迫（击炮）二轻二（机枪）掷筒××犯东梨园（庞各庄东南十余里）我宛（平）大（兴）二保安队，密切配合，一部对敌正面阻击，一部向敌迂迴冲击，战约二时，将敌击退，并歼敌一部。计毙顽四十余，俘顽十一名。缴获迫击炮两门，轻机枪两挺，掷筒一个，美式冲锋枪一只，步枪十八支，轻机零件、弹药各一部，我仅亡一伤三。

他们能经常以小的伤亡，换得大的代价在于指战员战术思想积极，主动掌握研究情况及时，战术灵活，特通令嘉奖，望我所属全军，尤其是地方武装，向其学习，以向敌展开主动进攻战斗。

司令员　孙　毅

政治委员　林　铁

政治主任　王奇才

晋察冀冀中军区司令部颁发的嘉奖令

配合华北野战军七纵二十旅，先后攻克榆垡、黄垡、庞各庄、黄村，二十旅攻占南苑机场，大兴地区全境解放。据不完全统计，本次战役我军杀敌681人，缴轻机枪22挺、长短枪450支。这是大兴境域内与国民党正规部队的最后一战。

（十二）活捉冯兆文

冯兆文是大皮营村人，早年家庭贫寒，14岁上私塾，18岁时入直系军阀部队当兵，1932年回到村里。1937年抗战爆发后，投身到冀中人民自卫军，任副营长，不久携枪逃跑。又到采育商团当团长，开始土匪活动。1945年4月，公开投降日本，任伪大兴县警备队第三大队大队长。日本投降后，被国民党大兴县政府改编为县保安总队第三大队，任队长，先后杀害我县区干部15人、无辜群众81人，其中有革命干部、一区区长耿玉亭和助理田载耕。1948年5月，被改编为河北省保安十一团，当团长。1948年12月，我东北野战军入关，冯兆文逃匿到永和庄村。时解放军南下，不知道这里有反动武装。冯的部下向部队开枪，使南下部队受到骚扰。部队经向张家湾解放军指挥所首长请示，命令决定消灭三大队。黄昏时分，部队在永和庄村活捉了冯兆文。1949年4月，与另外两大土匪头子司德庆、蔡德元一起，被大兴县人民政府镇压。

第三章　大兴优秀传统文化的特征

第一节
民族融合　薪火相传

一、民族融合的相关阶段

（一）魏晋十六国北朝时期，蓟城地方发达的治理制度是各族人民融合的基础

大兴是游牧和耕种两种文化的结合区，在魏晋十六国北朝时期，蓟城地方发达的治理制度是各族人民融合的基础。进入大兴地区的诸民族与原来住在这里的汉人一起创造了蓟城的历史与文化。在隋唐五代时期，

蒙古包外景

蒙古包及成吉思汗像

这里是北方农业居民和牧业居民的物资交流中心。公元 936 年，后晋的石敬瑭投靠契丹，契丹得到燕云十六州后，便把幽州改为辽国的南京，又称燕京，府名幽都，燕京成为辽国的陪都。大兴的前身蓟北县隶属于南京道幽都府管辖。辽圣总开泰元年（1012）蓟北县更名析津县，幽都县更名宛平县。

12 世纪初，女真族在东北兴起，建立了金王朝并立即向辽发起进攻。宋徽宗决定乘机联金灭辽，从而收复燕云失地。1149 年，海陵王完颜亮杀死在位的金熙宗自立为皇帝，天德五年（1153）夏季迁都燕京，并改年号为贞元，将燕京改为圣都，不久又称中都。析津县更名大兴县。公元 1213 年秋，成吉思汗率精骑南下，1260 年三月在开平即大汗位，建元中统。中统四年（1263），定开平为上都。至元元年（1264）升燕京为中都。至元九年（1272），升中都为大都，从上都迁都于燕京。1644 年清军入关在北京建立政权，至此，历史上的大兴先后归属于辽、金、元、清等少数民族建立的政权统治。

1153 年金迁都燕京以后，大兴与宛平倚郭中都，大兴地区的民族融合达到了前所未有的高度，其间由于女真统治者大量任用汉人参政，同时又将女真人迁入中都等地，形成女真人与汉人的杂居局面，从而为女真人汉化、汉人女真化以及民族融合创造了条件。

（二）金代是我国历史上又一次民族大融合时期

金代是我国历史上又一次民族大融合时期。金统治者在灭辽侵宋统一北中国的过程中，强制进行民族大迁徙，把原来各自生活的汉、女真、契丹、奚等民族交叉迁到一块杂居。这些民族经过百余年共同生活，在经济、政治、思想文化、风俗习惯和婚姻等方面频繁交流，到元代统一全国以后，它们的民族特征逐渐一致，实现了一次民族大融合。

（三）元代是农耕文化与草原文化发展的高峰期

元的统治者为蒙古族，以北京为都城，史称大都，在当时是国际化大都市。这一时期是北京历史上重要的民族大融合时期，多民族的交汇、融合使文化焕发出新的生机。各民族在传承本民族文化的同时，也在积极借鉴其他民族的先进文化元素，从而促使游牧民族文化从落后走向成熟。契丹、女真、党项、蒙古等民族虽然经济发展相对滞后，但在与各种文化的交融中却得到了快速发展，使颇具民族特色的文化由此而兴，并达到了新的发展高度。

为巩固统治，元朝统治者十分重视中原文化，他们对儒家思想尤为看重。通过对儒家思想的学习和运用，逐渐形成了与中原文化融合发展的新模式。在统治期间内形成了农耕文化与草原游牧文化的高峰发展时期。

（四）清代是我国统一多民族国家巩固的一个重要时期

清代是我国统一多民族国家巩固的一个重要时期，实现了满族与汉族及其他民族之间大融合。早在清军入关前，满汉之间已经有了接触。清军入关后，满族随之大批迁入关内，客观上打破了满汉之间的地域界线，形成了交错杂居的局面。同时，为了巩固统治，清统治者还主动寻求与汉族地主阶级以及其他少数民族上层的联合。这样，在多民族长期的杂居相处中，满族因融入汉族和其他民族成分而日渐壮大。同时，也有部分成员分离出去，融入其他民族。这种血缘的交流，既有利于满汉之间的融合，又密切了各兄弟民族间的关系。

二、民族文化的发展趋势

（一）大兴境内的传统文化以汉族为主体、以儒家文化为基础

大兴是传统的农业县，但它又处于北京南大门的特殊地理位置，境内民族以汉族为主，各种习俗在社会生活中逐渐形成，是以传统的儒家文化为基础的。

（二）少数民族民俗文化在大兴地区呈现出趋同的趋势

大兴域内的少数民族主要是回族和满族，回族是元明时期迁入的，满族是清朝在北京建都后陆续迁入的。这些民族在大兴域内以民族村的形式存在，岁时习俗和人生礼俗以本民族的宗教信仰和生活方式为主，但由于长期的民族融合，汉族的民间信仰和生活习俗对其他民族也产生了重大的影响，在岁时习俗方面他们不仅遵守本民族岁时习俗，而且汉族的许多节

蒙古族的文艺演出

传统礼乐表演

满族文艺演出

日他们也过得津津有味。在人生礼俗方面，丧葬习俗基本上沿袭的是本民族的习俗，在婚俗、建房甚至生活方式、饮食习惯等方面，除在教义中有明文规定的应当遵守外，都不同程度地受到本地区汉族风俗习惯的影响，呈现出趋同的趋势。

三、满汉文化交汇融合

（一）康乾以后，满汉文化实现了自然的交汇与融合

在少数民族以强大的军事实力对中原汉族广大地区进行征伐，进而获得了统治地位实现民族融合的特定历史时期，作为统治者的少数民族，一方面，出于民族感情将民族风俗带到了汉族地区；另一方面，为了统治占人口绝大多数的汉人的需要，统治者又不能不适应汉人的风俗习惯。

这种民族感情和统治需要之间的矛盾既是民族融合背景下的必然趋势，也是加速融合进程的动力。而处于文化发展高层次的汉人风俗习惯的感召力和同化力，是使矛盾、斗争最后消解的基本力量。此后，在真正进入民族融合的社会里，包含了各个民族文化因素的风俗习惯，彼此和平共存，相互借鉴，相互吸收，社会文化生活丰富多彩。

“康乾盛世”时期，北京的经济呈现中兴繁荣之势后，人们对清朝政府、对满族文化的态度与观念，逐渐由初期的抗拒、抵触转向认同与接纳，满汉文化实现了自然的交汇与融合。这些习俗中主要体现在婚礼、饮食、日常用语等方面。

（二）婚俗方面

在婚礼方面，满族在未入关之前与其先人长期生活在靠山近水的自然环境中，形成了具有突出特征的生活习俗，骑射之风成为满族的传统，渗透到生活中的各个领域。如婚庆之日，新娘被接进家门，未曾下轿，新郎拈弓、搭箭，向花轿门虚射三箭，名为“箭射新娘”，其意为驱除邪祟，迎来喜庆。此俗在《清稗类钞》中有记载：“新妇舆至门，新郎抽矢三射，云以去煞神。”名为“煞神”，其实是在炫耀满族人的武功。自满

旧时婚约

迎亲花轿

族入关后，这一习俗也带到了北京。“箭射新娘”的习俗，被北京地区汉族所吸纳。直到20世纪五六十年代时，大兴地区还用“箭射新娘”的方式迎亲。

（三）饮食习俗方面

在饮食方面，满族及其先人长年奔波于深山老林狩猎，或远离村庄去游牧，为避免挨饿，喜欢吃黏食，在这些食品中，人们最爱吃的应该是驴打滚，又称黏面糕。满族人还有吃猪肉的习惯，养猪食肉衣皮，最爱吃的是白煮肉。这是因为满族及其先人饲养家畜业相当发达，猪是当时普遍饲养的家畜之一。自满族进驻北京后，此俗兴起。不管过去还是现在，北京人都喜欢吃白煮肉。

贺仪薄

（四）日常用语方面

在日常用语方面，自顺治初年满族人入关，其具有民族特色的习俗、宗教、语言也随之进入中原。在两百多年的满、汉融合交往中，有大量满语词汇逐渐融入北京人的日常用语中。大兴位于北京郊区，在这方面受其影响巨大，时至今天，北京日常用语里依旧含有大量满语词汇。

例如：

哈喇（hā la）：来源于满语 har，意为“刺鼻”，今意为食用油变质。举例说明：这瓜子别吃了，一股哈喇味儿。

抹擦（mā sa）：来源于满语 macimbi，意为“舒展”，今意为将有褶皱的东西抹平。举例说明：衣服抹擦平了再叠，要不都起褶子了。

敞开儿（chǎng kār）：来源于满语 changkai，意为“尽量”“任意”“随意”。举例说明：知道您好这口儿，特意炖了一大锅，您别局着，敞开儿着招呼！

摘歪（zhāi wai）：来源于满语 jailambi，意为“躲”“避”。举例说明：身子一摘歪，好悬没从马上掉下来

该漏（gái lou）：来源于满语 gaimbi，意为“要”“取”。举例说明：这

些衣服我现在穿着都瘦了，您看看要是有看上眼儿的，您该漏走。

额吝（é lìn）：来自满语，波纹的意思。日常生活中多指衣物或者被子上的渍痕。举例说明：拿碗接着点，弄上块儿额吝且洗不掉呢。

磨蹭（mó ceng）来源于满语 moco，原意为“迟钝”，今意为“烦琐缓慢”。举例说明：别磨蹭了，再不走就赶不上火车了。

咋呼（zhà hu）：来源于满语 cahu，意为“泼妇”，现在意为不沉稳，喜欢大呼小叫。举例说明：我还寻思多大的事呢，就这呀，也值得您这么咋呼？

剋（kēi）：来源于满语 koikasambi，原意为“打架”，转义为“批评”。举例说明：作业好好写，瞧这涂的跟花瓜似的，找你们老师剋你呢！

掰持（bāi chi），来源于满语 baicambi，本意为查看、详查。在《北京土话中的满语》一书中记载北京话中的“掰持”专指“争论”。举例说明：这事不能就这么稀里糊涂的过去了，咱们得掰持清楚了！

第二节 乡里守望　生生不息

一、大兴的村落的形成原因

（一）村落的含义

在目前的中国，村有两种，即自然村与行政村。大兴也不例外，也包括这两种情况。由大兴史志办编纂的《大兴县地名志》中，《政区聚落地名篇》载有自然村名 512 个。

自然村是指中国农村地区的自然聚落，是人们自发形成，自然聚集在

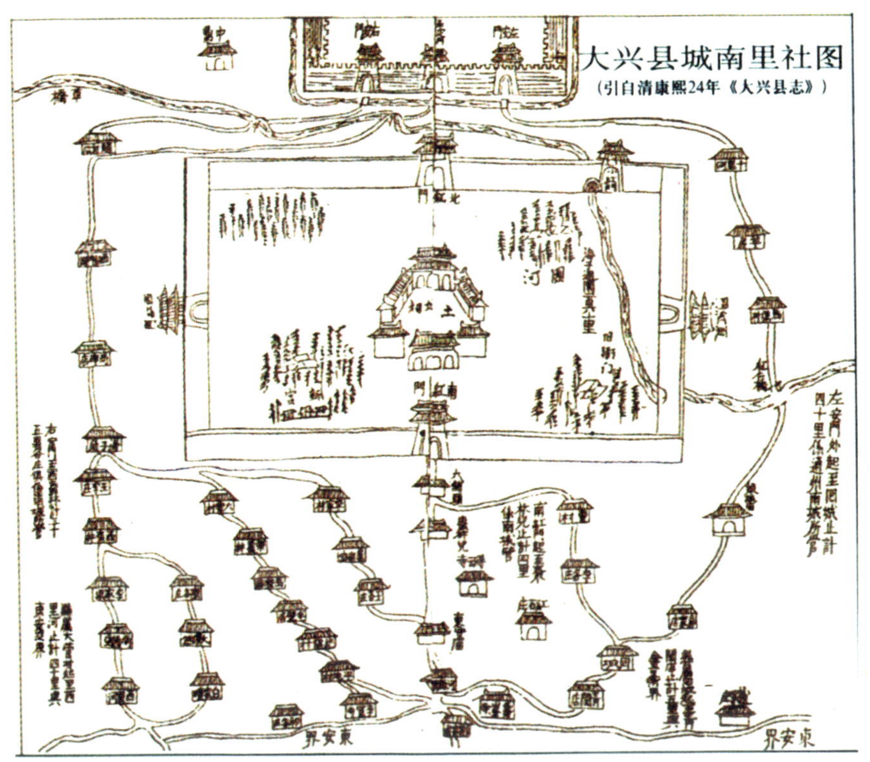

大兴县城南里社图（清康熙二十四年）

一起居住的村落，平时我们见到的村庄就是自然村，如大辛庄、高家堡、马各庄等。

行政村是行政区划管理的一个单位，由国家、政府调查、设计规划后上报有关部门批准才能成立，并设有党政等权力机构，是国家承认的行政单位。这是中国行政区划体系中最基层的一级，设有村民委员会或村公所等权力机构。

在许多地方，行政村与自然村是重叠的；在另外一些地方，一个行政村包括几个到十几个自然村；在个别的地方，一个自然村也可能划分为两个以上的行政村。

（二）大兴村落的情况

大兴境内的村落并不是一成不变的，多数村都经过变化，其主要形式就是整合与拆分。

记载大兴村落的有关书籍

整合是因为历史与政治的原因，把几个村子合在一起，形成新的村。新村的命名有的是以面积较大、人口较多、历史悠久的村为村名；有的是在几个组合的村名中各取一字，形成新的村名；有的则是重新取一个大家都认可的新名，如三合庄，清朝时称王起庄，又称满庄子，1958 年与小陈庄、小李庄合成“三合庄”。又如义和庄，清光绪年间，义和团运动中原有白家场、赵家场、王庄子等 6 个小村，合并后统称“义和庄”等。类似的例子在大兴的村落中有很多。

村落的拆分有两种形式：一种形式是因为村子的扩大、河水的冲击，原来村庄的一部分形成新的村子，如安定镇的前辛坊、后辛房，前野厂、后野厂，东芦各庄、西芦各庄，东白塔、西白塔，魏善庄镇的东芦垡、西芦垡，河南辛庄、河北辛庄，前大营、后大营等。另一种形式是历史上原本一个村庄，为了便于管理，人为地分解，如再城营一村、再城营二村，车固营一村、车固营二村等。

二、大兴村名的形成原因

（一）村名一般由专名加通名构成

村名一般由专名加通名构成。

大兴区的村名，以姓氏为专名者最多，约占自然村总数的 32%，涉及姓氏 70 余个，如赵村、孙庄、李营等；有的在姓氏前冠以方位、规模，如东宋各庄、南田各庄、西梁各庄、北程庄、前杨各庄、大刘各庄、小黄垡等。

以历史人物姓名为自然村专名的有 6 个村，即东张华、西张华、南张华、康张华、大张本庄、小张本庄。

专名中常见的还有以地理位置、自然地貌、地表建筑物、地面生物为名，如海子角、四海庄、西红门、南大红门、沙子营、沙堆营、石垡、河北头、平地、沙河村、善台子、旧宫、南宫、大白楼小白楼、新桥村、砖楼、东白塔西白塔、铜佛寺、广佛寺、娘娘庙、羊坊、牛坊、驴房、鹿圈、东枣林西枣林、东芦垡西芦垡、梨花村等；

以数量词为专名的，如十里（铺）、三间（房）、五号（村）、八家等。

有的专名寄托了村民的美好愿望，如太平（庄）、幸福（村）、兴隆（庄）、有余（庄）等。

（二）大兴自然村的通名

大兴区自然村的通名，主要有村、庄、营、垡、场、铺、坊、房、务、屯、店、堂、城等30余种。一些通名相同的村落，有着相同的成因，一些村名则代表了村落形成的时间。以庄、村为通名的为大兴区村名的主体，共有220余村，约占自然村总数的42%。以营为通名的有60余村，大部分形成于明代，其中有40余个自然村为明初山西、山东移民所建，其中专名多以原籍州县命名，以示不忘故里之意，如潞城营、沁水营、孝义营、河津营、长子营、北山东营、南山东营、蒲州营、山西营、大同营、屯留营等，主要分布在区域东南部。

以垡为名（垡即耕地翻起的土块）的村落有榆垡、垡上、狼垡、张公垡等20余村，主要分布在区域中部、西南部，多建于元末明初，其名或得于土壤的颜色，如东、西黑垡、大、小黑垡、东、西黄垡，或得于当地特有的动植物，如狼垡、东、西芦垡、榆垡等。

以屯为名的有东西中大屯、北辛屯、东辛屯、杜庄屯、王家屯、马家屯、贾家屯、崔庄屯等10余村，其中多数村形成于明代，与明初于此置民屯、军屯有关。

以务为名的有太子务、朱家务、荆家务、张家务、李家务等10余村，多建于元明。

以场、园为名的有张家场、李家场、刘家场、佟家场、胡家场、安场、姜场、董家场、赵家场、东梨园、西梨园、梨园、戴家园等30余村，其中多数形成于清代。

以坊、房、圈为名的有鹅房、潘家马房、通州马房、牛坊、查家马坊、鹿圈等10余村，多因明清曾于此地养殖禽畜而得名。

以店为名的有青云店、北店、南北辛店、小店、辛店、前后高米店等10余村，多地处交通要道旁，曾有客店。

此外，有少数村落以街、巷、窑、渠、台、窝、桥、厂、门等为名；有些村落只有专名而无通名，如前后安定、南北章客、贺南、贺北等；有些村名具有特定含义，如礼贤取“礼贤下士”之意，求贤以村民曾建祠祈圣贤庇佑而得名等。有不少村庄的名字是谐音、转音而成，如大新庄谐音成为大辛庄，河北谐音成为贺北，栗垡谐音成为立垡，王李庄谐音成为王立庄，闾城转音成为芦城，东西白家滩转音成为东西白家疃，窑子头转音成钥匙头等。

三、传统文化中的村落文化

（一）关于村落文化

永定河沿岸村庄众多，特别是永定河在门头沟区三家店出山口后，由于历史上多次洪水泛滥，冲积出大片肥沃的土地，为人民生活提供了保障。不仅孕育出北京这样重要的国际大都市，更孕育出众多的村庄。这些村庄星罗棋布，相互交往，积淀了深厚的文化。因此，北京南部特别是大兴区一带，村落文化占据着重要的位置。在当前的大兴辖区内 1000 余平方公里的面积上，汇集着 500 余个村落。这些村落相互交融，发展演变，积淀了深厚的文化底蕴，形成了丰富的村落文化。

所谓村落文化是指以村落为载体的农民生活文化。这个解释包含两层意思：一是这种文化以村落为“单元”，即同一村落有相同的文化特质，相邻的村落有相近的文化特质，村落文化不可能脱离特定的村落而独立存在。村落是“皮”，村落文化是“毛”。二是这种文化与农民的日常生活和生产紧密相关，处于初级形态，具有很强的实用性和浓郁的生活气息。它是农民群众自己的文化，是宣泄情绪、美化生活的重要形式，属于农民，表现农民，为农民所享用。

（二）村落选址、格局是村落文化的外在体现

村庄选址与格局有讲究有文化，大兴村落的选址一般沿河而居，如西部地区沿永定河左堤而设村，东部凤河沿岸依凤河而居，还有一部分村庄

泥塑作品：传统农家院落

选址为相对高起的地方，如中部地区众多的以堡命名的村庄。沿河而居是为了获取水源的方便，在高处建村是为了防止水患。村庄的格局一般依据自然环境的变化而成型，沿河而居的村庄一般呈条状，村与村之间距离较近，如凤河沿岸的各个村庄，随着人口的增长村与村几乎连在了一起。中部在高起的地方建立的村庄距离较远，村落的规模也相对大一些。从外部看，有的呈现出虎、龙、牛等吉祥图案，有的人为地有意识地发展成圆形、方形等形状。从内部看一般有一条或几条主街，主街一般呈东西走向。沿街修建住房。在建房时注意与左邻右舍格局的统一。所以说，一个村是否和谐一进村庄就可以看出来，欺街占道令人不齿。

（三）良好的村风是村落文化的重要内容

良好的村风是村落文化的重要内容，这是一个长期积淀的过程。村风是一个村的风气，良好风气的形成有诸多的因素。除去社会大环境这个因素之外，还有 3 个因素不容忽视：第一个因素是共同的信仰。这种信仰不是宗教，是共同要遵守的东西。大兴的村落以农业生产为主，一般的村中都建有庙宇，庙宇中供奉着各位神仙，在人们心目中，这些神灵在保护一

农家院落

大兴境内的村落——东辛屯

方平安，风调雨顺的同时，还监督着人们的言行，所谓“举头三尺有神灵”。这就使得人们对自然心存敬畏，不敢做过分的事，不敢为非作歹。第二个因素是村中长者、家族长者以及乡贤的示范和威严。这些人是村落中的精英，因为自身的能力，是村庄形象的维护者，是正义的化身，他们在村中有着极高的话语权，这就使得一些人做事之前要好好掂量一下，所作所为是否符合日常规范，许多不合规范的行为和言论消失在萌芽之中。第三个因素是集体的力量，当正气在村中形成之后，歪风邪气就没有了生存空间。怕人说，怕人讲究，舆论的力量是无穷的，良好的村风形成之后，就会成为附近村落的示范，这也带动了整个地域良好村风的形成。

四、村落文化中的村落民俗

（一）村落民俗

村落民俗文化是随着乡村发展而来的，为村民长时间积累、传承的风俗习惯。村落中包含着丰富的民俗文化，如传统节庆、集体娱乐、庙会祭祀、红白喜事、地方戏曲等，传承着民俗文化生动丰富的内容。它是村民乡土生活的历史积淀，也是乡村公共活动的平台资源，释放着协调村民行为、深化社区认同和维系乡村价值的功能。

（二）村落民俗的交流

大兴大部分地区是乡村，当地有“十里不同俗”之说。这里的俗就是风俗、习俗。在很长的一段时间内，大兴地区经济欠发达，交通不畅。这就影响了村民之间、村落之间的交流。“十里八村”是挂在人们常常说起的一句口头语。这也从一个方面说明了这一地区人们的交往与活动范围。

“十里八村”是一个习惯性表达，这个俗语并非实指具体多大的地理范围或是多少村落，而是用以表达邻近的村落和村民。

“十里八村”并非行政单位，而是属于村民自然而然构建的生活空间与交往空间，这一范围内不仅存在传统农业社会中互有关联的村际交往，也是村民直接认知的世界。人们的认知一是听，二是看。耳听为虚，眼见为实，人们所能了解的实，一般就是十里八村的范围。这个范围大约在一日往返距离之内。

传统社会里，农民直接认知空间可分为3个圈层：第一为本村。是以家庭为核心、以村落为依托的生活圈，是日常的生活空间，生老病死几乎都在这个空间里完成。

第二为农田，以最远耕作距离为半径构成生产圈。农业生产要考虑耕作成本，耕作成本中最重要的一种就是时间成本，日出而作，日落而息，中午吃饭，除去这些之外，能够干农活的时间还有多少，是农民首先要考虑的问题。“丑妻近地破棉袄”是本地区过去人们常说的一句话。虽透出无奈，却也实在，是过日子实际需要的表达。

第三为社交。村民的社交活动圈子很小，土地为人们的生活提供了保障，但也禁锢了人们的双腿。在村落中，人们的社交圈子的延伸主要有赶庙会、逛集市。在庙会上、集市上完成商品交易、婚姻、祭祀、娱乐等一系列活动。人们赶庙会不一定真的去烧香拜佛、许愿还愿，赶集也并不是一定要买卖商品，而是通过赶庙会扩大交际圈子，增长见闻。因此，对于绝大多数农村人来说，通过集市交易构成的社会交往范围，奠定了所有其他活动的基础，其他活动建立的空间关系大多叠加在集市交易范围之上。

五、村落民族中的民间信俗

（一）从民俗学角度讲，乡村是承担并继承着中国民俗的摇篮

两汉时期，乡村中除设立乡吏，如啬夫负责乡村的讼事和收税、游缴掌治安等，还由乡村中年高德重、经验丰富的老者来掌管地方教化。到了隋朝，乡村中以五邻为保，五保为闾，四闾为族，建立了严密的乡村组织。唐代又重新组织乡村，以百户为里，五里为乡，从此，里制成为乡村组织的主要形态。

大兴地处永定河冲积平原，有554个自然村，在20世纪80年代以前，一直是典型的农业县，过年、婚礼、丧葬、建筑、生产生活等各式各样的

巴园子满族村保留的家谱

习俗，都是在村落聚集的基础上形成发展并延续下来的。

村落民俗是大兴民俗文化的主要部分，并且存在着差异，具有鲜明的地域特点。西部、南部地区以永定河流域文化为特征，这一地带位于大兴的西部和南部，早期多为宛平县所管辖，因与河北省接壤，并且在某一时期还曾划归过河北管辖，因此与河北北部的文化特征比较接近并有许多相通之处。中部和东南部是以大小龙河、凤河流域文化为特征，这一地区处于大兴的中部，大部分居民的祖先是明朝初期从山西移民过来的，有许多山西文化的痕迹。北部是以团河行宫文化为特征。团河行宫是南海子里的一座清代皇帝的行宫，南海子是明清时期重要的皇家园囿，这里的居民很大一部分是为皇帝看守园囿的海户和士兵。部分村落是满族聚集区，在生产生活方式上保留着大量满族地区的特点。这些文化区域相互融合、相互补充，没有一定的界限，但又有一定的区别，所谓“十里地不同乡”即是这个道理。

传承民俗的村落

（二）民间信仰是村落民俗的重要表现形式之一

民间信仰是村落民俗的重要表现形式之一，也是民俗活动产生的重要基础，对社会生活有着重要的影响，尤其是在农耕社会，对整个社会的意识形态的形成起着至关重要的作用。大兴地处京郊，在进入21世纪前的一个相当长的时期是典型的农业县，自然灾害频繁，生产力水平低，人们在强大的自然灾害面前常常感到无能为力，一些现象无法解释，只得求助于各方神灵，希望得到救助，于是产生了各种类型的信仰。这些信仰以求签、问卜、祭祀、庙会等形式存在，一方面满足人们的精神需求，另一方面对人的思想、行为产生一定的约束力，渗透到了人们社会生活的方方面面。这些民间信仰在大兴最为突出的就是祭拜、庙会和各式各样的民间宗教组织。在上述影响下，尊崇孔子、关公等明理厚德、忠君报国等正义化身的神灵，成为极具影响力的民间信俗，还为他们广建庙宇并举办相应的民俗活动。同时，在大兴地区还广为流传着与上述人物有关的英雄故事、神话传说等，这些故事歌颂正义、善良、勤劳和勇敢，同时也对一些丑恶现象进行揭露和批判，对人们良好的生活习俗的形成也起着重大的促进作用。正是这些生活方式、生活习俗把人们联系到了一起，维系着人民群众的思想感情。不仅是从前、现在，还是在遥远的将来，都将发挥着重要的作用。

民间信仰是一定时期社会发展的产物，曾对人们的社会生活产生过重大的影响。随着社会的进步，民间信仰的作用越来越小，最终也会消亡。民间信仰中有封建迷信的成分，但也有着一些积极的成分，对人的思想和行为产生一定的约束力，它让人们对天、对自然有着一种发自内心的敬畏，让人不敢去破坏自然、破坏生态平衡。似乎神灵随时随地都在监视着人的一举一动，这对人的行为也产生了一定的控制。从这一点上来讲，它们的存在也具有重要的意义。

第三节
精神愉悦　通达四方

一、传统庙会的发展演变

（一）关于庙会

庙会，又称“庙市”或“节场”，是一项重要的民俗活动。这一活动与佛教寺院以及道教庙观的宗教活动有着密切的关系，同时它又是伴随着民间信仰活动发展、完善和普及起来的。东汉时期佛教开始传入中国。同时，这一时期道教也逐渐形成。它们互相之间展开了激烈的生存竞争，在南北朝时都各自站稳了脚跟。而在唐宋时，则又都达到了自己的全盛时期，

大兴县史志资料

大兴县的寺庙

《大兴县志》编委会办公室印

1985年10月

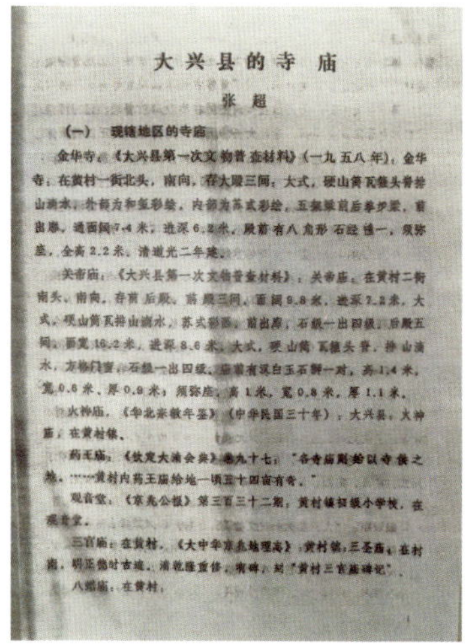

大兴县的寺庙

张超

（一）现辖地区的寺庙

金华寺：《大兴县第一次文物普查材料》（一九五八年）：金华寺，在黄村一街北头，南向，存大殿三间，大式，硬山筒瓦[illegible]山滴水，外[illegible]为和玺彩绘，内[illegible]为苏式彩绘，五架梁前后单步梁，前出廊，通面阔7.4米，进深6.2米，殿前有八角形石经幢一，须弥座，全高2.2米，清道光二年建。

关帝庙：《大兴县第一次文物普查材料》：关帝庙，在黄村二街南头，南向，存前后殿，前殿三间，面阔9.8米，进深7.2米，大式，硬山筒瓦排山滴水，苏式彩画，前出廊，石级一出四级；后殿五间，面宽16.2米，进深8.6米，大式，硬山筒瓦[illegible]，排山滴水，方格门窗，石级一出四级，庙前有汉白玉石狮一对，高1.4米，宽0.6米，厚0.9米；须弥座，高1米，宽0.8米，厚1.1米。

火神庙：《华北宗教年鉴》（中华民国三十年）：大兴县，火神庙，在黄村镇。

药王庙：《钦定大清会典》卷九十七：“各寺庙赐给以寺僧之地。……黄村内药王庙给地一顷五十四亩有奇。”

观音堂：《京兆公报》第三百三十二期，黄村镇初级小学校，在观音堂。

三官庙：在黄村。《大中华京兆地理志》：黄村镇，三圣庙，在村南，明正德时古迹，清乾隆重修，有碑，刻“黄村三官庙碑记”。

八蜡庙：在黄村。

《大兴县志》中有关寺庙的记载

出现了名目繁多的宗教活动。如圣诞庆典、坛醮斋戒、水陆道场等。佛道两教竞争的焦点：一是寺庙、道观的修建，二是争取信徒，招徕群众。为此，在其宗教仪式上，均增加了媚众的娱乐内容，如舞蹈、戏剧、出巡等。这样，不仅善男信女们趋之若鹜，乐此不疲，而且许多凡夫俗子也多愿意随喜添趣。原来属于民间信仰的酬神活动，也纷纷与佛道神灵相结合。其活动地点也由乡间里社，逐渐转移到了佛寺和道观中进行。在举行各种节日庆典时，民间的各种社会组织也主动前往集会助兴。这样，寺庙、道观场所便逐渐成了以宗教活动为依托的群众聚会的场所。这些宗教活动逐渐世俗化，不仅大大增加了这些活动自身的吸引力和热闹程度，也使这些活动中的商贸气息随着群众性、娱乐性的加强而相应增加。在宗教界及社会各界的通力协助下，庙会活动得到进一步的发展。

（二）大兴地区的庙会

金元明清时期，大兴地区有各种寺庙数百座。民国时期，佛教日趋衰落，庙宇多改做学校。1958 年，大兴县第一次文物普查时，尚有古庙宇近 200 座。大兴境内庙会活动，至晚始于元代，明清时期最为兴盛。民国初年尚有四五十座寺庙举办庙会活动。后来随着现代商业的发展、连年的战争等原因，庙会活动逐年减少。

大兴的庙会，多集中于较大集镇。据《大兴县志》记载：清代末期，一年中，采育举办庙会 10 余次，庞各庄举办 7 次，青云店举办 5 次，凤河营举办 3 次，黄村、礼贤、榆垡、南各庄等均举办 2 次。部分较大的村庄、靠近集镇村庄或有较大寺庙的村庄，也举办庙会活动，如庞各庄镇中堡村，榆垡镇西黄垡村、太子务村，采育镇南辛店村，青云店镇东店村、顾庄村，礼贤镇龙头村、田家营村，安定镇洪庄村，长子营乡上长子营村，垡上乡寺上村、大张本庄村，魏善庄乡芦垡村，定福庄乡常各庄村，芦城乡狼垡村，孙村乡刘村，西红门镇等。

（三）庙会的命名

庙会的名称，多以寺庙的名字加“庙会”两字形成，如药王庙庙会、火神庙庙会、娘娘庙庙会、关帝庙庙会、天齐庙庙会、虫王庙庙会、冰雹庙庙会等。有的庙会，除本名外，还有以季节、举办日期、庙会主题命名，如长子营村的良善坡庙会，又叫三月三庙会；青云店镇的关帝庙庙会，又称为十月庙会、谷茬庙会，庞各庄镇于旧历三月在西娘娘庙举办的以唱戏娱乐为主的庙会，又叫作谢春雨庙会。

二、庙会期间的主要内容

（一）宗教活动

庙会活动内容，多数是宗教神事活动、商业贸易活动、文化娱乐活动兼而有之。

有的庙会，只有宗教礼仪活动。例如，采育镇的甲子殿祭星活动，于每年正月初八举行，人人都可以按自己的生辰八字、干支属相到位于采育北门里路东的甲子殿，对照星宿牌位烧香祭祀，祈祷平安。又如，采育镇的文庙祭圣活动，于每年二月初二举行。是日，采育镇各学塾、学堂的老师、学生，齐聚该镇东门里路北的文庙，朝拜孔圣人，他们排着整齐的队伍，到圣人牌位前烧香、作揖、行跪拜礼，口中念着“孔子，孔子，大哉孔子”。拜过圣人以后，各学塾、学堂开学授课。以上两种庙会，时间都是一天，仅举行宗教祭祀活动。

有些庙会，特别是到民国后期，中华人民共和国成立初期，已经没有宗教神事活动内容，只举行文化娱乐活动和商业贸易活动。凡具有宗教神事活动内容的庙会，一般又通称为香火庙会。寺庙性质不同，香火庙会宗教神事活动的具体内容亦不同。药王庙庙会是为祭祀药王爷孙思邈，有烧香许愿的，有求药、看病的，有病好了前来还愿的。榆垡镇内的观音庵，又称娘娘庙，庙内供奉观世音菩萨。庙会期间，神事活动五花八门，有烧香、舍香钱的，有用煮熟的大盆黄豆（称香豆）上供许愿的，有给娘娘打伞、披红布的，有从家门口（外村人从榆垡村口）一步一个头磕到庙前的。龙头村的娘娘庙，内供正宫、东宫、西宫三位娘娘，正宫娘娘为“花娘娘”，西宫娘娘为“送子娘娘”，东宫娘娘为“眼公娘娘”。庙会期间，长期不生

庙会场景

庙会场景

育或生了小孩不成活的妇女朝拜西宫娘娘，得了天花的朝拜正宫娘娘，有眼病的朝拜东宫娘娘，喜得贵子或病治好了的前来烧香还愿。火神庙、龙王庙、冰王庙、虫王庙庙会的神事活动，多为企求诸神保佑，免受旱、涝、虫、雹等灾害，盼望有个好收成，或感谢诸神、喜庆丰收。

（二）物资交流活动

中华人民共和国成立后，传统庙会活动中带有封建迷信色彩的内容消失，庙会演变为物资交流会。1955 年，采育、凤河营、南辛店、魏善庄、榆垡、庞各庄、礼贤、青云店、安定、黄村、狼垡等村镇仍有庙会（物资交流会）活动。1956 年以后，各村镇的庙会活动先后终止。

（三）花会表演

庙会期间最重要的一项内容是酬神活动。酬神的方式除烧香上供之外，便是唱戏和各种花会表演。根据庙会的性质和规模，表演的队伍或大或小，在大兴地区参加表演的一般有狮子会、小车会、秧歌会、高跷会、吵子会、花灯会等。这是一定区域内民间花会的集体亮相，是人们最重要的文化活动。

三、传统庙会的主要功能

（一）祈福获得心灵慰藉

庙会期间，主办庙会的寺庙道观，一般要举办各种法事活动，这些活动一般以酬神、祈福为主。附近村民通过参与、观看活动，表达对各方神

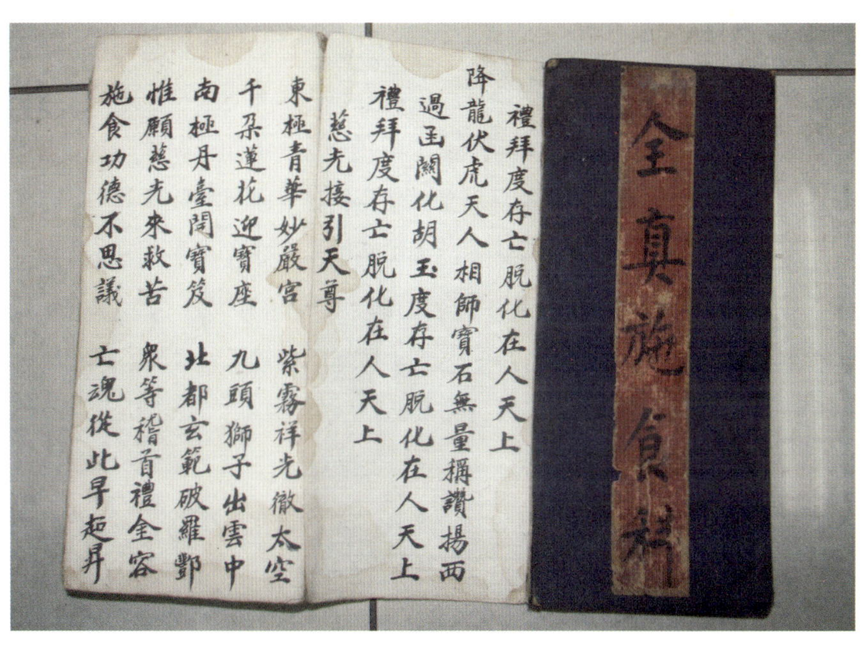

良善坡蟠桃宫道士使用的经文

庙会场景

灵的敬仰和崇拜，以此获得心灵的慰藉。

（二）教育功能

大兴地区寺庙供奉的神灵多样，如观音庙、土地庙、龙王庙等。根据《大兴县志》编委会办公室印制的《大兴县的寺庙》的相关记录，大兴的寺庙中占大多数的是老爷庙、菩萨庙和土地庙。老爷庙即关公庙，关公在民间是正义、勇敢、忠孝的化身。菩萨庙敬奉的是观世音菩萨，观音菩萨救苦救难，送子送女。而土地庙中供奉的则是土地爷，这是一方土地的保护神，查看人间善恶，保一方平安。人们通过对这些神灵的崇拜，潜移默化中受到教育，传承中华民族的传统美德。

（三）物资交流

庙会期间一般要举办物资交流活动，人们在庙会上或出售物资，或购买自己需要的物品。通过赶庙会互通有无，在一定区域内实现了自给自足。人们的社会生活不依赖外部，或减少对外界的依赖，从而使小农经济得以实现。

庙会场景

（四）交往交流

在大兴乡村，庙会是人们交往最重要的时间和空间。平时人们忙于农活儿、家务，再加上交通闭塞，很少外出，交际空间只限于邻里、本村。而庙会期间，附近十里八村甚至更远地方的人们都来赶庙会，走亲访友，洽谈生意，获得外界的信息，促进了人与人之间的交往，村民的交往范围也随之扩大。

四、传统庙会的积极意义

（一）庙会是开展大规模群众性娱乐活动的阵地

庙会参与人数众多，有浓郁的地方特色，具有旺盛的生命力和强烈的吸引力，是开展文化活动的理想时间和空间。合理利用这一阵地，开展公益文化活动，宣传党的方针、政策，宣传新生事物，具有重要的现实意义。

（二）庙会为发展传播文化创造了最佳机会

庙会为发展传播主流文化创造了最佳机会。这种文化是经过长期积累和相互影响而形成的，一旦形成特色，就可以独立存在，不受庙和会的束缚，庙可败，会可衰，但其作为文化的部分，却能长久生存下去，永不泯灭。

（三）庙会文化是历史发展留下来的重要文化

庙会文化是历史发展留下来的重要文化，也是我国传统文化重要的组成部分。将传统优秀文化发展传承是我们的义务，弘扬优秀民族精神，让其成为群众文化的乐园，是时代赋予我们重要的使命。

五、大兴地区的特色庙会

（一）庞各庄庙会

中华人民共和国成立前，庞各庄镇庙会兴隆至极，农历四月十八是西娘娘庙会，五月十三是东老爷庙庙会。两座庙分别建有两个砖木结构的戏楼，东老爷庙的戏楼坐北朝南，西娘娘庙的戏楼坐南朝北，两个庙会每临会期皆是人山人海，热闹异常。大秋后，八月底九月初，如果年景好还要唱对台戏庆丰收。

据说在最兴盛时期，一年 12 个月唱过 13 次戏。这些庙会中要数四月十八西娘娘庙庙会的规模最大，活动内容最多，地域辐射范围最广，活动时间最长，终止时间最晚。中华人民共和国成立以后，该处由政府组织过多次农历四月十八物资交流会。

西娘娘庙庙会属香火庙会，赶庙会的人数每天不下万人，南面的霸州、文安、大城、固安、永清、安次，东面的通州、三河、武清、蓟县、香河，北面的昌平、顺义、密云、怀柔，西面的宛平、涿州、良乡、房山等地，都有人来此赶庙会。

庙会期间有民间花会十余档，庙外设舍茶棚 3 座，占地面积 600 多平方米，从东大桥排到西娘娘庙以西，长约 1 公里的地方全是卖农具、衣物、食品、儿童玩具、清凉饮料的各类小摊。

活动内容除了 3 座茶棚里悬挂独特的十殿阎罗、七十二司画卷供人们观赏以外，还有大戏、会戏、各种花会、马戏团、拉洋片、打把式卖艺的、耍猴的、变戏法的等。最引人注目的是一些背驮马鞍、披头散发、赤足爬香的善男信女，他们从南茶棚开始跪地爬到娘娘庙大殿前，意在还愿，为父母祈福而甘愿自己膝盖受苦。

此庙会止于20世纪50年代中期。

（二）礼贤三官庙、药王庙庙会

礼贤三官庙、药王庙因建在同一院内，故称三官、药王庙庙会。

药王庙据传建于明代，每年两次庙会，日期为旧历四月十五和九月十五。四月十五庙会会期3天，规模较小。九月十五日庙会，一般又称谷茬庙会，会期4天，规模影响均较大，方圆百里都知道礼贤镇的九月十五庙会，成为当地传统节日。

1937年七七事变后，此庙会走向衰落，民国末期停止活动。

1980年起，礼贤镇恢复农历九月十五传统庙会，庙会期间，开展戏剧演出、秧歌会演、书画比赛等文化活动，既继承了悠久的文化传统，又不断推陈出新，形成了独具特色的礼贤庙会。

（三）青云店镇顾庄村普照寺庙会

青云店镇顾庄村内有座庙，原叫普照庵，后改名普照寺，建于何时不详。该寺内有三层殿，第一层是三皇殿（天皇、地皇、人皇），第二层是菩萨殿，第三层是和尚殿。寺庙附近还有和尚坟、塔园。

普照寺一年举办三次庙会，均以宗教神事活动为主，且有相对固定的香客群体。三月三庙会，香客主要是通州马驹桥、姚村、大稿等村的人，他们或赶着大车，或推着小车，或挑着挑子，打着黄旗，挂着铃铛，前来上香，自带钱粮食品，住一夜，第二日返回。

四月十五、九月九日两次庙会，每次举办四天。前两天，香客主要是武清县侯尚村的人，他们也是或套大车或推小车或挑担，打着黄旗，自带食品，在庙里住一夜后返回。后两天，香客主要是附近各村的人。庙会期间，本寺的和尚及附近村庄如大谷店、寺上、小白村、辛庄等村寺庙的和尚都来此坐禅、念经、放焰口，也有些小贩来赶庙会。

20世纪50年代，该庙拆除，庙会终止。

良善坡古庙原貌

（四）良善坡的三月初三、六月六庙会

长子营镇上长子营村位于凤河北岸，该村东北有一高大土坡，东西约60米，南北近百米，高坡之上建有一道观——良善坡蟠桃宫。

该道观曾是京南地区规模最大、香火最旺的寺庙，始建于明代，后几经毁建。

清乾隆年间又一次扩建，乾隆皇帝亲自题写了观名“良善坡蟠桃宫”。此后，香火开始旺盛，每逢正月十五、三月三、七月十五、十月十五等道教传统节日，香客云集、游人如织，尤其是三月三王母娘娘的生日这一天，更是热闹非凡。

据老人们回忆，1956年之前，每年六月六都会在良善坡举办庙会。庙会的前几天，良善坡玉皇庙的道士们就开始做庙会的准备工作，纷纷向香主们发表（请柬）。到了庙会这一天，十里八村的男男女女、大人小孩，投亲靠友在附近村庄住下赶庙看戏。庙会这几天，四面八方，大道小道都是大人小孩，肩扛人背，非常热闹。有说评书的、套圈的、抽蛋摇茶芽，卖各种农具的，贩卖扫地扫帚、笸箩、簸箕、绳套、棍子、轴、柱脚石的等，应有尽有。庙会成为了当地仅次于春节的节日。抗日战争期间该道观被日军烧毁，观内道士四处化缘筹资复建，土匪冯兆文、司德庆、蔡德元强占善款大洋 60 万元，致使道观主体工程完工后无力进行室内装修及彩绘。后良善坡蟠桃宫被毁，仅留山门外配房三间供观主居住，其余道士皆被遣散。

（五）采育的传统庙会

庙会，也称庙市、戏会、行会，老百姓习惯地说“上庙”。就采育地区来说，中华人民共和国成立前一年四季都有庙会，列举如下：

农历正月初八，老庙坑甲子殿祭星；正月十五，采育镇灯会；二月初八，采育东门里文庙拜圣人；二月十九，是观音菩萨的生日，佛教信徒为纪念观音大士诞辰，在镇南端倒座观音寺前搭台唱戏、行会；四月二十八，是药王爷生日，请戏班在东门外戏台唱戏；五月十三，在采育北门里关帝庙，搭台唱戏三天；六月六，凤河营的冰雹庙会；六月二十四，“分龙兵”；七月二十三，周围几十里七十二档会齐聚采育镇调会；九月初一到初三，在采育东门外，加集带庙还唱戏；十月十五，采育西门外灶君庙南搭戏台。

（六）田营娘娘庙

田营村娘娘庙坐落在该村村南，坐北朝南，前后两座大殿，前殿内供奉王母娘娘。清朝时期立此庙会，每年的农历正月十五举行，为期三天。周围十里八村的男女老少来此烧香还愿，庙会期间附近商人来此做买卖，各种小吃、土特产品、小型农具等一应俱全，每天赶庙会达千余人。1956 年此庙拆毁，庙会停止。

（七）天仙圣母庙庙会

芦城的天仙圣母庙建于明世宗嘉靖年间。庙里有嘉靖二十二年（1543）立的“天仙庙碑”一座，庙建成后所立，距今已有 480 多年。从那时起，就有了每年农历四月十五的娘娘香火庙会。

在明清两代，这里香火异常旺盛。到民国初年，每逢四月十五，周围十里八乡甚至北京城里的生意人都提前来此摆摊。本村和附近村的乡亲们无论地里活儿多忙，这几天也要停下来。有的十二、十三就要接亲请友，来住上几天听戏、逛庙会。

庙会自明代开始，延续了几百年，到民国初期依然兴盛不衰。

1954 年，党号召破除迷信，娘娘庙的香火渐渐减少，殿堂房舍被公用，成了初级社的办公场所。到“文革”时期，村内大大小小 7 座寺庙全被逐步拆除，名扬四方的芦城四月十五娘娘庙会也就销声匿迹，只留作村里老人们茶余饭后、村口柳下的美好追忆和闲谈话题。

（八）榆垡镇西黄垡庙会

榆垡镇西黄垡庙会始于明朝，具体时间不详。因当时在西黄垡有 3 座庙堂，即眼光殿、药王殿、娘娘殿。

眼光殿供奉眼光娘娘，迷信说如果谁的眼睛有疾病，到此殿许愿可灵验。

庙会场景

药王殿供奉的是药王，有事到殿中求药王保佑家人平安除病防灾的必须“爬香许愿”，就是前去许愿的人像驴子一样，在背上放置一个“马鞍子”，双手着地，用膝盖走路，一路爬行到药王像前许愿才可如愿。在药王庙的前面还有一块据说是乾隆年间立的黑石碑。

西黄垈庙会从明朝一直到1936年前一直都比较兴盛，规模宏伟。每逢庙会期间，方圆几百里的人们都前来逛会。庙会人山人海，天津和河间等地的商人早早地就来到了这里，房山的“骆驼背子”也带来了各种各样的货物，到此来卖或来换东西。天堂河河里河外全都是一眼望不到边的人，饭店和客栈全部爆满，小户人家为招待前来逛会的亲戚，都得请厨师来做饭，负责提供饮水的砖井几次被人们喝干。来此表演和助兴的花会有20多档，有河西大辛庄的幡会、向阳的钗会、常各庄的杠箱会、石垈村的高跷、榆垈的跑跷、河西的少林会、李家行子的小车会、东黄垈的狮子会、叉杆会等，日常的各种用品全部是演员自带。庙会期间，有好几台大戏开演，有的甚至还唱对台戏。

1937年抗日战争爆发后，人们已无心再逛庙会，因此，延续了几百年的庙会就此结束。

第四节 男耕女织 物产丰腴

一、大兴地区的农业生产

大兴区农业历史悠久。公元前216年，秦令“黔首自实田”，蓟（大兴古时属蓟）农民得以申报土地，缴纳赋税，获得耕地。农业宜种稷、黍稻。秦始皇承认土地私有合法化的法令在此地开始实行。黔首之称，在战国时已经广泛使用，含义与当时常见的“民”“庶民”相同。秦始皇二十六年（前 221）下令“更名民曰黔首”（《史记·秦始皇本纪》）。这是秦统一中国后更定名物制度的内容之一。

（一）主要作物

中国传统农业强调因时、因地、因物制宜，把“三宜”看作是一切农业举措必须遵守的原则。种庄稼最重要的是因地制宜，我们的祖先在农事活动中很早就懂得了“取宜”的原则，周祖农耕文化中的“相地之宜”和“相其阴阳”理念，就是“取宜”的实践经验总结，在指导人们认识自然和从事农业生产中发挥了重大作用。大兴农民多以种植粮油作物为主，属北方旱作类型。

粮油类：小麦（俗称麦子）、玉米（俗称棒子）、红薯、白薯、高粱、绿豆、红豆（俗称小豆）、黄豆、花生（俗称落生）、芝麻、向日葵（俗称望日莲）等。

蔬菜类：旧时种植蔬菜大多为了自给自足，以白菜、萝卜、胡萝卜、芫荽、茄子、豆角、南瓜、冬瓜、丝瓜为主。20 世纪 70 年代末至 21 世纪初，随着改革开放的深入和城市人口的扩张，大兴地区成为市区瓜果蔬菜的主要供应基地，农民成了瓜农、果农，经济作物的收入是他们的主要经济来源。

（二）农民作息

旧时，农村生活节奏缓慢。农民一般遵循日出而作、日落而息的传统习惯。在劳作中，无论春季、夏季，还是秋季锄地时在中午休息叫“歇晌”，收割作物则时不歇晌，称作“歇锄不歇镰”。

（三）田间劳作

农业生产联系最直接的是时间与节气。在中国古代，人们基本上是生活在按照自然规律和农业生产周期而安排的时间框架之中的。夏代的历日制度《夏小正》中，已把天象、物候、气象和相应的农事活动列在一起，

博物馆、图书馆内收藏的农具

便于民间掌握。后来，又把一年分为二十四节气，人们依节气安排农事活动。直到今天，节气依然是人们开展农业生产活动的依据。农业生产本就是一种根据节气、物候、气象等条件而进行的具有强烈季节性特征的劳作活动，时间性很强。因此，顺天应时是几千年人们恪守的准则，“不违农时”是世代农民心中的“圣经”。“夫稼为之者人也，生之者地也，养之者天也。”“是故得时之稼兴，失时之稼约。”（《吕氏春秋·审时》）“凡耕之本，在于趣时。”“得时之和，适地之宜。”（《氾胜之书》）应时，体现了前人对自然规律的重视和敬畏。

本地粮食作物以小麦、玉米为主，因循“春种、夏忙、秋收、冬藏”的规律，农活主要有送粪、耕耙、播种、划锄、追肥、浇水、灭虫、收割等。

春种：民间以立春为一年农事之始，开冻出粪，入春以后，天气乍暖还寒，适时为小麦浇返青水。春分麦苗生长迅速，农民加强了麦田管理，施肥，浇灌浆水。清明空气清新草木返青，是植物播种的大好时光。谷雨后天气变暖，断霜雪，雨量也较前增多，开始种植棉花、高粱、春玉米等农作物。

夏忙：立夏之后，就要抓紧时间为春玉米锄去过密之苗，称作“间苗”。稍长，锄去害苗之草，称作“榜三遍”，以土质疏松、杂草绝迹为度。小满时节做收麦前的准备工作，芒种进入麦收季节，是时常有干热风，麦子熟得快，因怕雨淋雹打，均把麦收称“抢收”。抢收后耕地并抢种夏玉米，播种前浇足底水，定期间苗、除草。俗谚道“晚种一天，晚熟十天。”

秋收：麦收之后玉米生长旺盛，这时农民忙于锄地施肥，田间管理。并于白露节前后开始准备播种小麦，农谚道“白露早，寒露迟，秋分种麦正当时”。秋分是一年中的第二个农忙时节，农民忙于割谷收豆掰玉米，拾棉摘果打高粱，谓“忙三秋”。八月中秋，家家户户改善生活庆祝丰收。

冬藏：经过秋收，农民将粮食入囤储藏。立冬意味着冬天的到来，土地上冻前为小麦浇水一次，是为“打冻水”，小麦至成熟前段需浇水三次。入冬后农事渐少，此为冬闲之时，一些油坊、粉坊、棉坊、豆腐坊等家庭副业相继开张经营。

20 世纪 50 年代后期，集体生产，农业机械增加，改变了传统的生产习俗。20 世纪 70 年代，化肥为主要肥料，大部分田地使用机械耕、种。20 世纪 80 年代以后，实行生产责任制，农民习惯歇大晌，早上出工早，下午收工晚。不少农民利用农闲从事商品生产，多余劳力，进城务工经商，挣钱的门路越来越多。

二、大兴地区的农业特产

大兴区农业特产很多，也很有名气。庞各庄西瓜、定福庄鸭梨、安定桑葚、洪村大白枣、西红门萝卜、青云店大葱、瀛海庄五色韭，采育镇山药等，在首都市场上都赫赫有名。

（一）庞各庄西瓜

庞各庄西瓜皮薄瓤红，沙脆爽口，汁多味甜，久负盛名。根据《宛署杂记》的记载可知：大兴、宛平两县每年六月，各为太庙供西瓜十五个。庞各庄的西瓜作为太庙的荐新供品，可见，大兴区的西瓜种植至少已有

庞各庄西瓜销售一条街

400年的历史了。

（二）定福庄“金把黄”鸭梨

定福庄“金把黄”鸭梨个大皮薄，核小肉多，果肉嫩脆，香甜多汁，且耐储运，是水果中的上佳之品。定福庄一带的鸭梨栽培，也有200余年的历史了。

定福庄“金把黄”鸭梨

（三）安定桑葚

安定桑葚有红、白两种。红者，色淡红，人称“关公脸”；白者，白中微显黄绿。桑葚虽小，兼有苹果、香蕉、橘子等果味，食之味美无穷，且可酿酒入药。明清时皆为贡品。

（四）洪村大白枣

洪村大白枣人称“秤砣枣”，该枣个大皮薄，枣核小，肉质厚，又脆又甜，富含维生素。未成熟时，皮肉都是白色，成熟后，枣皮鲜红，枣肉仍是白色，故称大白枣。

（五）西红门萝卜

西红门萝卜外形椭圆，绿皮红芯，故名“心里美”，又被誉为“赛梨萝卜”。薄薄的绿皮裹着紫红的肉瓤，又嫩又脆又甜，不要说吃起来是一种享受，看着就叫人流口水。1935 年，曾获北平市市长袁良褒奖。此后，大兴每年收了萝卜送些给市政府时，即使深更半夜，只要说是西红门送萝卜的，城门也会打开。所以，当地流传着“西红门萝卜叫城门”之说。

心里美（横切图）

（六）青云店大葱

青云店大葱棵高身粗葱白长，辣中带甜调味王。生吃开胃增食欲，炒菜油烹溢葱香。当地农民说：“大葱抹酱，赶一百样，越吃越胖。”又说：“烙饼卷大葱，吃得肚子鼓绷绷。”青云店大葱大的一棵重 1 公斤，一般的一棵也重半公斤。北京市民说：“要吃葱，找大兴。”因为大兴青云店已建成北京市的“四辣”——葱、蒜、韭、椒的生产基地。

（七）瀛海庄五色韭

瀛海庄五色韭也叫盖韭或芽子韭，是冬令蔬菜的珍品。这种韭菜是在麦糠覆盖下，于冬季在露天的环境里培育出来的。经过“闷白”“捂黄”“出绿”“晒红”“冻紫”等过程，培育出来的韭菜根部白色，向上依次为黄、绿、红、紫等色，故称“五色韭”。韭叶肥厚鲜嫩，韭香浓郁，属高档蔬菜。这种韭菜的培育方法和技术，是清末南苑准许招佃屯垦后，由河间、肃宁等地来南苑垦种的农民发现冬天韭菜在场院边的麦糠下或麦秸垛旁，仍能生长，且色美味佳，于是少量试种，摸索经验，后逐渐推广开来。

（八）采育山药

采育山药形体粗长，黄褐色，有蛇背纹，肉质洁白细腻。清初文人州篔在《析津日记》中说：“山药，产采育者甘美，特异他处。”著名诗人查慎行也盛赞：“北方山药产采育者为天下最。”可见，采育山药早就享有盛名了。

生长中的山药

大兴的这些著名农业特产，都是历史上形成和发展起来的。这些土特产的栽培和生产，既需要有适宜的水土环境，又需要有生产者的经验和技术；这些著名土特产需要大力宣传、推广、保护和发展，这就是“特产文化”。

三、农耕文化的当代意义

（一）农耕文化是天、地、人之间建立的一种和谐共生的关系

几千年来，农耕文化影响着中国的历史进程，影响着世界文明的发展。农耕生活的平实性与和谐性，使中华民族爱好和平，并且重视和合。中国的农耕文化连绵不断，是宝贵的精神财富。它铸就了中华民族自强不息的精神，使中华民族历经磨难而不倒；铸就了形式多样的民俗文化，使人民的生活丰富多彩；特别是铸就了中华民族以和为贵的理念，孕育了中华民族天人合一的思想，追求人与自然和谐、人与社会和谐、人与人和谐的思想。和谐理念塑造了中华民族的价值趋向、行为规范，支撑中华民族不断

大兴特色农业

走向可持续发展的道路。“应时、取宜、守则、和谐”，就是在天、地、人之间建立的一种和谐共生的关系，这是农耕文化的核心理念。时至今日，农耕文化仍是农村社会的主要文化形态和主要精神资源。

（二）农耕文化植根于乡村生活的土壤之中

农耕文化产生于乡土乡村，它与农民和土地紧密相连，与平民百姓共生共存。农耕文化的民间性特点，使它在历史风云变幻中，既不完全受王朝更替的影响，也不全部因时尚文化而改变。这就是农耕文化的生命力。它在一定程度上能抗御文化进程中的都市文化和时尚文化的冲击与同化，保持自己的特色，在日常生产生活中延续传承，深深植根于乡村生活的土壤之中。随着北京国际大都市建设步伐的加快，城南行动计划、城乡一体化等规划的实施，大兴的许多村庄拆迁重建，农民上楼，变成了社区居民，但延续了数千年的农耕文明可能面临着断层的局面。村庄拆了，魂不能丢，这个魂就是农耕文化印刻在我们心里的印记。我们一方面要紧密地把握时代发展的脉搏与世界同步，更要把根留住，把祖先创造的灿烂文化守护好，传承好。

（三）农耕文化是最好的养生文化

中国的农耕文化、传统饮食文化，讲究“天人合一、药食同源”。一方水土养一方人。中国人吃的中药、吃的天然食物都来源于自然界。食物是最好的药物，我们日常吃的天然食物，都具有天然药物一样的作用。中国的饮食结构是最健康、最科学的方式之一。因为我们的传统饮食结构，不仅是由中国的传统农耕文明所决定，同时也是中华民族几千年生活实践以及食疗保健经验积淀的结晶，农耕文化的本质是“与天地合其德，与日月合其明，与四时合其序，与鬼神合其吉凶。”（《周易》）这个合就是人与自然的和谐，就是顺应自然。农耕文化的精神是化育和养成。

第四章　大兴优秀传统文化现象

大兴是最早的建制县之一，积淀了深厚的文化底蕴。境内分布有众多的古迹和历史文化遗存，大兴明清以来一直为依郭京县，其影响地位在全国都具有举足轻重的地位。大兴境内的历史文化遗产类型丰富，数量众多，价值难以估量。

第一节
记录历史　传递文明

一、丰富多彩的馆藏文物

（一）基本情况

大兴历史悠久，文化源远流长。馆藏文物上至战国下至民国，时间跨度大，物品精美。其中有战国时期的陶罐、刀币，汉代的五铢钱、陶盆，晋代的汉白玉井栏，唐代四系黑釉壶，宋代磁枕，辽金时期的彩陶、十二生肖偶像，元代的钧瓷，明代的宣德炉、铜佛……至于明、清及民国时期的瓷器、铜镜更是数以百计。这些文物有的是孤品、绝品，其中一批文物曾被相关单位借去参加北京市文物精品展。

（二）馆藏文物中具有很高的考古价值

大兴的馆藏文物中具有很高的考古价值，珍品更是不乏其物。几件在大回城村东出土的铜马具，马骨，带有绳纹、布纹的砖瓦、陶片及五铢钱，佐证了东汉末期中郎将公孙瓒所建“小城”及西晋征北小城即在此处。这些看似不起眼的文物，不仅昭示了当时小城的繁华，也佐证了当时战斗的惨烈。一枚“祺祥重宝”，是肃顺等大臣在咸丰帝驾崩临时辅政所铸造的

大兴出土文物

钱币，可惜尚未流通，肃顺便被慈禧太后绑赴菜市口问斩。另一枚“大顺通宝”，是洪秀全在南京称帝时所铸，也未曾流通，便因太平天国运动失败而废弃。这两枚钱币均因铸成后未曾流通，因此颇为珍贵。

大兴出土文物

（三）馆藏石刻具有珍贵的史料价值

大兴馆藏文物中的石刻因其记录了史书文字，都是难得的史料，并具有极高的研究价值。大兴的馆藏石刻，年代不同、规格各异、形状不一，总计逾百件。1982 年发现的汉白玉八角井栏，外径 1 米、内径 0.65 米、高 0.42 米，内径有 1 厘米深的绳痕。经文物部门鉴定，这个井栏原为西晋司空张华故里的遗物。张华是大兴历史记载中最早、官职最高的一位名宦。张华故里即现在榆垡镇的西张华村，旧称张华村。明朝《昊天寺碑记》中有“该村为张华故里，村以人名命之”的记载。《帝京景物略》中有“张华村头，村人指井栏八角焉，曰住宅处也”的记载。数不胜数的墓碑、墓志，如辽代的张馆墓志、元代的奉训大夫高公神道碑、明代的鲍君墓志、御马监太监王守成墓志、萨布夫妇合葬墓碑等，记载着一个个历史人物荣辱升贬的经历。大兴地区辽、金、元三代的塔铭经幢不仅数量多，而且珍品多，如寂照大师塔铭、金刚经法幢、广阳镇经幢、尊胜陀罗尼等。北京辽金博物馆的专家们把这些珍品视为至宝，曾专程前来拓字，带回珍藏、研究。

（四）众多的寺庙碑是大兴人民信仰、文化和风俗的见证

大兴具有数量众多的寺庙碑及重修碑记，这是当地人民信仰、文化和风俗的见证。自忽必烈建立元朝直到清末700多年中的50多位皇帝，都把城南作为娱乐的吉地，为大兴留下了铭刻着民族灿烂文化的一处处古迹。

二、体系完善的文物保护

（一）德寿寺碑

德寿寺碑位于旧宫镇，为清乾隆帝御制碑，大兴区文物保护单位。

德寿寺是顺治十五年（1658）为孝庄而建，后毁于火灾，乾隆二十年（1755）重加修建。乾隆四十五年（1780）再次扩建。《日下旧闻考》中记载："德寿寺山门三间，东西建坊二，大殿五间，东西配殿各三间，殿后随墙门内为御座房。""规格崇丽，庭中金鼎，范冶精致""营造特为宏敞，蔚然杰构"，殿内供奉释迦牟尼及阿兰迦舍佛。自改为皇家寺院后，乾隆或在狩猎时到此驻跸诵经，或专门到此膜拜。另外，每年皇族由东陵转至西陵祭祖时，也定在此处驻跸。

德寿寺御制碑

1900 年，八国联军抢走德寿寺的金鼎和大量古籍法帖。民国年间，德寿寺被焚毁，仅存乾隆重修德寿寺时敕建的双碑，立于大殿院内。

（二）钟音家族墓

钟音家族墓位于庞各庄镇福上村。原有墓葬 3 处，每处均有墓碑，由东北至西南一线排开，每处相距约 400 米，两墓在村内，一墓在村外。

东边为钟音父朱满与嫡母吴氏合葬墓，清乾隆三十九年（1774）立碑。中间为钟音生母张氏墓，同年立碑。西边为钟音本人墓，乾隆四十四年（1779）立碑。3 座墓碑均为乾隆帝敕建，现为大兴区文物保护单位。

钟音之父朱满与母吴氏合葬墓碑

钟音生母张氏墓碑

钟音墓碑

（三）无碍禅师塔

无碍禅师塔位于榆垡镇履磕村。原有古刹灵言寺，寺西南角处遗留元至元九年（1272）建造的砖塔一座，是名僧无碍禅师之墓塔。塔南向，六面形实心，密檐六层，全部以砖仿木构建，残高约 10 米。塔座须弥束腰，上仰置莲花瓣，座周雕刻佛像。塔身正面刻棱格门窗，上部嵌石刻塔铭。塔上部重檐，每层檐下出斗拱三攒，顶为莲花瓣，上置石质葫芦形塔刹。现为大兴区文物保护单位。

（四）乾隆诗刻昆仑石

乾隆诗刻昆仑石位于旧宫镇西毓顺庄。乾隆二十八年（1763）在昆仑石上题《春云》《杂言》《海户谣》《南苑双柳》。此石庄严肃穆，气势恢宏。现为大兴区文物保护单位。

（五）西红门清真寺

西红门清真寺位于西红门镇，明永乐三年（1405），有陈姓二兄弟（回族）从南京北迁落户西红门，后逐渐成为回族聚居村。明永乐十二年（1414）于村北建清真寺。清康熙二十六年（1687），村民拆掉原清真寺，捐款在村中央建造了规模宏大的清真寺。寺成，康熙皇帝赐半幅銮驾。光绪二十六年（1900），八国联军入侵北京，清真寺被毁。翌年，驻寺阿訇及村民筹集资金，在原址重建。现为大兴区文物保护单位。

西红门清真寺

（六）礼贤清真寺

礼贤清真寺位于礼贤镇西门外回族聚居区内，始建于明成化八年（1472），占地面积 2500 平方米，东向，大殿 13 间，为二卷一廊，砖木结构，透明脊，顶高 9 米，建筑面积 200 平方米。殿内有楠木明柱 4 根，木地板，上铺拜毡，正中有瑶殿，悬古兰经文。殿前大阅台 100 余平方米，殿两侧为南北讲堂、沐浴室。寺有大门楼，两侧各有小旁门；门内有大影壁横贯。院内有直径约70厘米的柏树两棵，门外有直径约1米粗的大槐树两棵，相传均为建寺时所植。清乾隆二十一年（1756）和1938年进行过两次大规模维修。1946年，国民党地方武装占据清真寺，在门外左侧大槐树上搭起岗楼，不许穆斯林入内。1985~1987年，以民办公助方式对清真寺进行维修，礼拜殿和北讲堂修缮一新，新建了3个门楼和男女沐浴室，共有配房25间。现为大兴区文物保护单位。

（七）宁佑庙遗址

宁佑庙遗址位于瀛海镇忠兴庄。雍正八年（1730）为祀海子土地之神而建，今存乾隆御制《海子行》碑1座，对南海子的建制及变革、地理水源风貌均有详细记载。现为大兴区文物保护单位。

宁佑庙碑

（八）闾城遗址

闾城遗址位于黄村镇西芦城。汉朝始建。今地表已无遗迹，地下有汉墓。另东芦城小学门口两石狮，疑为金元时期闾城南门外之石狮，现为大兴区文物保护单位。

（九）永定河神祠

永定河神祠位于庞各庄镇赵村永定河大堤下。该处于乾隆三十五年

永定河神祠

（1770）闰五月决口，决口后第三年清高宗题额曰“忧哉榭”。遗留御制石碑1座，高2.9米，宽0.94米，碑首浮雕二龙戏珠。碑立于祠外，原有碑亭，现只遗留一些柱础石，是关于永定河灾害史的文物。现为大兴区文物保护单位。

（十）薛营清真寺

薛营清真寺位于庞各庄镇薛营村，在薛营村中央，东向，始建于明万历二年（1574）。占地面积1500平方米，由礼拜殿、南北讲堂、东房和门楼组成四合布局，为中国伊斯兰式建筑。礼拜殿为三卷一廊，高8米，宽11米，进深22.4米，面积250平方米。殿顶由黄、绿琉璃瓦铺饰，殿前廊

有明柱两根。前廊北侧有石碑一通，为清宣统年间重修清真寺所立，殿门内横匾书阿文安拉真言。

1979~1980 年，薛营村穆斯林出资翻建了南北配房 26 间，1987 年对礼拜殿进行了较大规模的修葺。现为大兴区文物保护单位。

（十一）东白塔清真寺

东白塔清真寺位于安定镇东白塔村。始建于明万历二十三年（1595），清康熙三十七年（1698）重建，1944 年第二次重建。占地面积 1800 平方米，主体建筑礼拜殿东向，砖木结构，为三卷一廊，建筑面积 250 平方米。殿前有大阅台，两侧有 20 余间配房，分别为讲堂、沐浴室，整个寺院融中国伊斯兰建筑与西方建筑风格为一体。1986~1987 年进行维修，大殿修缮一新。现为大兴区文物保护单位。

（十二）狼各庄清真寺

狼各庄清真寺位于黄村镇狼各庄。始建于清乾隆五年（1740），清光绪二十七年（1901）永定河水患后重修，1936 年进行较大规模修缮。1984~1987 年翻建了南北讲堂、浴室和门楼。占地面积 1000 余平方米，主体建筑礼拜殿具有中国伊斯兰建筑风格。现为大兴区文物保护单位。

（十三）团河行宫遗址

团河行宫遗址位于大兴区西红门镇团河北村。

团河行宫是清代皇帝前往南海子行猎时修建的四所行宫中最豪华的一座。清乾隆三十七年（1772）疏浚团河后开始动工修建，竣工于乾隆四十二年（1777）。团河行宫建成后，清廷即派兵勇在行宫四周的堆拨房、军值房内驻防守卫。同时迁来 18 户满族人居住在行宫东部，负责行宫的维护和供皇帝临幸时役使。

1900 年，帝国主义八国联军侵入北京。同年八月初，侵略军在南海子焚烧寺庙，射杀苑中禽兽。日本、英国等国侵略军先后闯入团河行宫，把行宫中的珍宝洗劫一空，带不走的名瓷、石雕尽行捣毁，使团河行宫遭到严重破坏。

团河行宫彻底毁于 1937 年日军侵略和国民党接收时期。

1985 年团河行宫遗址公园建成，现为大兴区文物保护单位。

团河行宫遗址（由东向西）

（十四）晾鹰台

晾鹰台位于瀛海镇南宫西北 1.5 公里处，是南海子历史上最悠久、文化底蕴最深的一座囿台，始建于元代，至今已有 700 多年。

放鹰捕猎是元人最原始的一种狩猎形式。他们习惯用训练好的鹰雕捕捉天鹅、大雁。鹰雕经过与鹅、雁激烈搏斗，周身是汗，需到高处晾晒羽毛，因此得名“晾鹰台”。元代帝王在此放鹰捕猎，清代帝王在此殪虎、赛马、阅武，非常热闹。因此，晾鹰台又有练兵台之称。清嘉庆、道光、同治皇帝等都在晾鹰台举行过大阅之典。1985 年，晾鹰台被列为大兴区文物保护单位。

（十五）恭勤夫人谢氏墓

恭勤夫人谢氏墓位是大兴现存最大的石刻文物。它位于大兴区榆垡镇黄各庄东口，是清世宗为其乳母谢氏所建。墓地南向，坟丘、神路、石桥、石五供已无存，今仅遗留石华表、墓碑、石牌坊等。现为大兴区文物保护单位。

晾鹰台旧址

三、古迹遗存

（一）北岸分司

康熙四十三年（1704）设永定河南北岸同知，北岸同知署在大兴十里铺村南。永定河北岸分司及北岸同知衙署的设立，表明榆垡十里铺在整个永定河河道占有重要位置。

（二）海禅寺

海禅寺位于大兴北臧村镇桑马房村西，相传为镇住永定河河中恶龙，由老和尚化百家缘、千家木、万家石修建，建成后，康熙驾临此寺，赐名“海禅寺”。

（三）求贤坝遗址

求贤坝遗址位于榆垡镇求贤村，因出水口形似簸箕，又名“簸箕口子”。乾隆四年（1739）选此处建草坝，夏季泄永定河水于故河道，以减弱水势，保护大堤。乾隆三十七年（1772）改草坝为灰坝。

求贤坝遗址

（四）十里铺古渡口

十里铺古渡口位于大兴最南端十里铺村西，是永定河连接南北大道的主要渡口，起初为私人摆渡，清光绪七年（1881）改为官渡。1965 年，冀中行署在此设计施工建成水泥公路桥一座，改变了过往永定河需要用船摆渡的历史。

（五）广阳城遗址

庞各庄镇四各庄村、北臧村乡天宫院村与黄村镇狼各庄村之间有古城遗址一处，位于天堂河农场内。早年暴露在地面的汉至辽金时期的陶瓷片和碎砖瓦甚多，群众中素有“广阳城”的传说。《金史·地理志》载，大兴县领广阳镇，此处遗址即为广阳镇遗址。

（六）辽金村落遗址

采育镇下黎城村西南约 500 米处，1976 年发现辽金时期村落遗址一处，顺岔河河床东西延伸长约 200 米，在地表 1.5 米和 3 米之间断续排列着砖墙下部、砖铺地面、坍塌的屋顶以及柴灶、粮食、农具、鸡腿瓶、钱币等，经鉴定为辽金时期一次水患后废弃的村落遗址。

（七）双塔寺遗址

双塔寺遗址位于安定镇辖域内，有黄土台基，面积约 1500 平方米。双塔寺早废，20 世纪 70 年代初，该处尚存有明景泰五年（1454）重修碑，碑文中记载："相传汉光武帝时有双砖塔，而至于今以为名焉。"由此可知，明景泰年间双塔寺尚在。该寺庙建于何时、毁于何年，均不详，今遗址处仅存古银杏树一株，树龄 500 余年。

（八）寿峰寺遗址

礼贤村西部原有一黄土高阜，传说为燕昭王招贤纳士之"黄金台"。辽代在台上建寿峰寺。1946 年版大兴县地图记载，当时该寺房屋佛像已荒圮殆尽，尚有木刻楹联 1 副，内容为："黄金台畔犹闻郭隗之言，即墨城边宜识乐生之志。"今寿峰寺遗址处建为居民区，唯存留枯水井 1 眼及辽代经幢、明代柱基石等。

（九）旧宫关帝庙遗址

在旧宫镇旧宫村西南，明嘉靖年间建，后经重建。前殿 3 间，面宽 11 米，进深 9.5 米；中殿 3 间，面宽 10.2 米，进深 8 米；后殿 3 间，面宽 11.2 米、进深 7 米。另有东西配殿各 3 间。20 世纪 50 年代后期，该寺庙改作他用。

（十）石佛寺遗址

南各庄乡石佛寺村西口永定河大堤北侧，原有石佛寺 1 座。《光绪顺天府志》中记载："康熙间，河水涨溢，流石佛九尊止于是村，众异之，构殿祀焉。累著灵迹，今佛像每逢阴雨，则通身皆润，若遍体如汗滴，则天必雨。"20 世纪 50 年代初，犹存佛像 8 尊，正中为观音坐像，高 0.92 米，下有莲花石座；余为立像，高 1.5 米，下有方石座；殿前有残段石碑。今石佛、断碑均埋入地下。

（十一）古炼铁遗址

古炼铁遗址位于朱庄乡东北台村东南部，该处周长约 600 余米范围内，地表下多处遗存炼铁废渣，为元明时期一处规模集中的炼铁场所，故东北台村曾名“铁台”。抗日战争时期，村民修筑“护村壕”，村南口处因铁渣为主堆集的土丘，村人称为“铁山子”。1989 年，村中出土了小型炼铁炉。

（十二）黄村汉墓区遗址

黄村镇老街西北，南起儿童游乐园，北至清源路北侧长约 1 公里的狭长地带内，自 20 世纪 80 年代中期以后，随着黄村卫星城开发建设，不断发现汉代小型砖室墓葬。出土器物有陶罐、陶壶、陶盆、五铢钱以及陶俑、陶灶等。在一处与汉墓同一地层的墓坑内，还出土了几十枚燕国刀币。

（十三）张馆墓遗址

1979 年 10 月，黄村镇高米店村东北液压机械厂宿舍楼（现西红门镇辖区内）施工时，地表 2.1 米以下发现辽代张馆墓。出土楠木十二生肖俑 11 件（缺戌狗），男女活动木偶人各 1 件（女性残缺），墓志一盒，以及瓷盘、瓷碗、北宋钱币等。张馆是辽代金紫崇禄大夫石散骑常侍柱国开国公马直温之妻，卒于天庆三年四月六日，享年 66 岁。

四、文化古迹的挖掘与保护

（一）文化古迹的挖掘保护的意义

大兴境内的历史文化古迹，承载着漫长的发展历史，蕴藏着深厚的民族精神和民族文化，揭示了大兴人民的古老智慧。充分挖掘这些文化古迹的文化内涵，对教育和激励后人，继承和发扬民族精神，实现中华民族的伟大复兴，有着重要的现实意义和深远的历史意义。

如求贤坝，是清代治理永定河的重要遗迹，这个坝不是用来挡水的，而是永定河上游来水较大，对京城构成威胁，用这里进行泄洪，以此保证京师的安全。德寿寺碑记载了清顺治帝接见西藏宗教领袖五世达赖，康熙帝接见六世班禅时的情景，是历史的见证。团河行宫一方面是南海子里四座行宫最大的行宫，更是历史的见证：如团河行宫保卫战，二十九军将士在这里热血报国的历史。

一个遗址见证一段历史，一件文物讲述一段故事，大兴的文化古迹书写了大兴的历史文化。

（二）文化古迹的挖掘保护需要全社会形成共识

古迹是历史，古迹也是文化，这是祖先留给我们的宝贵财富，我们每一个人都是财富的拥有者，也是财富的保护者。保护文化遗址不仅是某些部门、某些人的事，而是全社会共同参与且常抓不懈的大事，这件大事应当成为全民的共识、全民的自觉行动。有鉴于此，广大媒体应当注重对“遗址”保护工作重要性的宣传，以便使社会公众了解“遗址”，充分挖掘“遗址”的文化内涵。

（三）文化古迹的挖掘保护要服务于当代

文化遗产保护的原则是“保护为主，抢救第一，合理利用，加强管理”我们要根据不同遗址所蕴藏的文化进行深度挖掘，并用不同形式进行表述，如研究论文、出版宣传画册、播讲故事、创作文艺作品等，充分挖掘遗址遗迹中蕴藏的文化价值和历史价值，撷取其中的精华部分，合理利用，更好地服务于当代，为本地区经济社会的全面发展贡献力量。

第二节 非遗文化　薪火相传

一、非物质文化遗产的含义

（一）正确理解非物质文化遗产的含义

《保护非物质文化遗产公约》给“非物质文化遗产”所下的定义

是："指被各群体、团体、有时为个人视为其文化遗产的各种实践、表演、表现形式、知识和技能，及其有关的工具、实物、工艺品和文化场所。"它强调两个非常重要的条件，一方面是"各个群体和团体随着其所处环境、与自然界的相互关系和历史的条件不断使这种代代相传的非物质文化遗产得到创新，同时使他们自己具有一种认同感和历史感，从而促进了文化多样性和人类的创造力"；另一方面是"在本公约中，只考虑符合现有的国际人权文件，各群体、团体和个人之间相互尊重的需要和可持续发展的非物质文化遗产"。

一方水土一方人——大兴农耕文化展（局部）

（二）非物质文化遗产根植于民间

非物质文化遗产是以一定民族、社区的民众为主体，集自然与人文、现实与历史、经济与文化、传统与现代于一体，形成自足互动的生态系统。它是人类不同民族、不同社群的民众在历史的长河中创造和传承的，既非单个人的行为，也非政府指令的行为，而是一种民间自主的行为。

大兴的非物质文化遗产是本地区民众生活的重要组成部分，是千百年年来生产生活经验的总结与传承。非物质文化遗产来源于民间，传承于民间，又是这一地区民众的情感纽结。

（三）非物质文化遗产是具有生命力的文化

非物质文化遗产是生动鲜活的，是创造生产并传承的民族（社群）在自身长期奋斗和创造中凝聚成的特有的民族精神和民族心理，集中体现为共同信仰和遵循的核心价值观。大兴是北京的重要组成部分，大兴地域的文化是北京文化乃至中华文化的一个组成部分。这是一个民族得以发展的灵魂，有吐故纳新之功，有顽强的生命力。随着北京国际大都市的发展，

表演中的沁水营神叉老会

“名家传艺——非物质文化遗产代表性传承人收徒传艺工程”启动仪式

大兴非遗项目专家评审会

国梦·大兴情 魏善庄镇太极拳
践行北京精神
和
提升市民

成果 全民共享
区非遗进校
授牌及成果展示

文化遗产无价宝 需要你我

大兴非遗活动

大兴跃上了高速发展的快车道。非物质文化遗产以它独有的民族性、地区性、传承性，在新的历史时期焕发出顽强的生命力。文化遗产融入当代生活，文化遗产与健康生活，深厚的文化底蕴将使大兴的非物质文化遗产发挥出越来越重要的作用。

二、大兴非遗资源概述

（一）大兴非遗　种类繁多

大兴位于永定河冲积扇平原，自秦置县，至今有2000多年的历史，勤劳勇敢的人民在长期的生产生活中积淀了深厚的文化底蕴，孕育了灿烂的文化，形成了异常丰富的非物质文化遗产。

大兴区第六批区级非遗申报资料

这些非物质文化遗产，种类繁多，涉及民间文学、传统舞蹈、传统美术、传统音乐、传统技艺等各个门类，具有鲜明的地域特征和文化特征。在这些艺术门类中比较丰富的是民间文学、传统舞蹈、传统音乐和传统技艺。

（二）大兴非遗的主要资源

大兴的民间文学中传说故事尤为丰富，经过初步的整理分类，可以分为：南海子传说、古桑园传说、永定河传说、广阳城传说等，每个系列都有传说近百篇，情节曲折，故事感人，有很强的教育意义。

大兴的传统舞蹈主要表现形式为民间花会。民间花会主要来源于传统庙会和宗教仪式，是基层群众与各方神灵交流的一种形式。开始时以娱神为主要目的，后来逐步变为以娱人为主要目的。这些花会是自发组织起来的，农闲时训练，重大节日和传统庙会期间参加演出。

大兴的传统音乐主要表现为各种礼俗音乐，这些音乐或来源于宫廷，

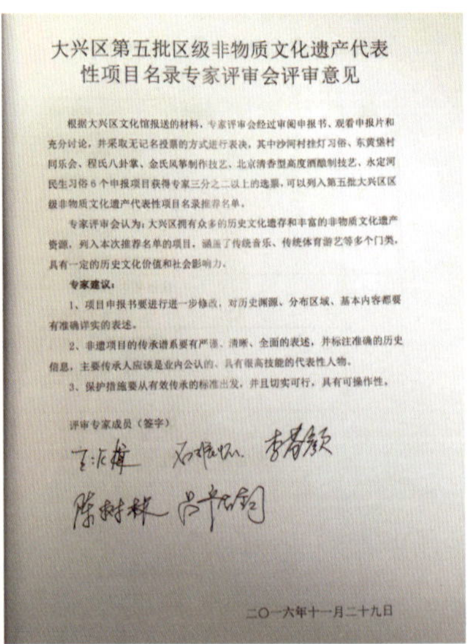

大兴区第五批区级非物质文化遗产代表性项目名录专家评审会评审意见

根据大兴区文化馆报送的材料，专家评审会经过审阅申报书、观看申报片和充分讨论，并采取无记名投票的方式进行表决，其中沙河村挂灯习俗、东黄垡村同乐会、程氏八卦掌、金氏风筝制作技艺、北京清香型高度酒酿制技艺、永定河民生习俗6个申报项目获得专家三分之二以上的选票，可以列入第五批大兴区区级非物质文化遗产代表性项目名录推荐名单。

专家评审会认为：大兴区拥有众多的历史文化遗存和丰富的非物质文化遗产资源，列入本次推荐名单的项目，涵盖了传统音乐、传统体育游艺等多个门类，具有一定的历史文化价值和社会影响力。

专家建议：

1、项目申报书要进行进一步修改，对历史渊源、分布区域、基本内容都要有准确详实的表述。

2、非遗项目的传承谱系要有严谨、清晰、全面的表述，并标注准确的历史信息，主要传承人应该是业内公认的、具有很高技能的代表性人物。

3、保护措施要从有效传承的标准出发，并且切实可行，具有可操作性。

评审专家成员（签字）

二〇一六年十一月二十九日

大兴区非遗项目资料

或来源于寺庙、道观，为小型乐队演奏形式，传承有序，发展良好。

在传统技艺方面，大兴区所特有的南路烧白酒酿制技艺、柳编技艺、布艺、面人、剪纸、刺绣、烙画、根雕等，都是京南非物质文化艺术宝库中的瑰宝，在历史上有一定的影响，而且至今仍然有着绵延不断的艺术生命力。除此之外，随着大兴的飞速发展，许多来大兴发展的各方贤达也带来了古琴制作技艺、北京养蜂炼蜜技艺、清代官式彩绘等项目，也在大兴区得到了很好的传承与发展。

三、大兴区代表性项目名录体系

经过15年的努力，目前大兴的非遗工作取得突破性进展，建立了完善的项目名录体系。

已有4个项目进入国家级非物质文化遗产代表性项目名录，有5个项目进入市级名录，有38个项目进入区级名录。此外，还有一大批项目，虽未进入各级名录，但在各级政府和广大群众的共同努力下，也得到了很好的保护与传承。这些项目具有广泛的群众基础，具有重要的历史价值、民俗价值、工艺价值，是千百年来生产生活经验的总结，是人们情感的维系，是重要的文化基因。

第五批大兴区非遗项目专家论证会

吴式太极拳
市级非物质文化遗产
北京市人民政府公布
北京市文化局颁发
2009年10月

2013年房山区群众文化活动年"新春乐—正月十五民俗文化展演展示"
福

大兴非遗活动

1. 大兴进入《国家级非物质文化遗产代表性项目名录》项目

序号	项目名称	责任单位
1	白庙村音乐会	长子营镇政府
2	古琴制作技艺	魏善庄镇政府
3	太子务武吵子	榆垡镇政府
4	吴式太极拳（北派）	鸣生亮武学研究会

2. 大兴区进入《北京市级非物质文化遗产代表性项目名录》项目

序号	项目名称	责任单位
1	大兴诗赋弦	大兴区文化馆
2	古琴制作技艺	魏善庄镇政府
3	太子务武吵子	榆垡镇政府
4	吴氏太极拳（北派）	兴丰街道办事处
5	白庙村音乐会	长子营镇政府

3.《大兴区级非物质文化遗产代表性项目名录》

序号	项目名称	责任单位
1	永定河流域的传说	大兴区文化馆
2	大兴诗赋弦	大兴区文化馆
3	太子务武吵子	榆垡镇政府
4	白庙村音乐会	长子营镇政府
5	大黑垈中幡大鼓	采育镇政府
6	再城营五音大鼓	长子营镇政府
7	南海子系列传说	大兴区文化馆
8	御林古桑园传说	安定镇政府
9	吴氏太极拳（北派）	兴丰街道办事处
10	梁式八卦掌	兴丰街道办事处
11	道教《北京韵》	青云店镇政府
12	杨氏脏腑点穴指针疗法	林校路街道办事处

（续）

序号	项目名称	责任单位
13	古琴制作技艺	魏善庄镇政府
14	大兴西瓜种植技术	庞各庄镇政府
15	大兴春节民俗	大兴区文化馆
16	北京百花蜂蜜传统酿制技艺	北京百花蜂业科技发展股份公司
17	雕版刷印及线装新印古籍装订技艺	北京“华艺斋”古籍印务有限公司
18	榆垡镇西瓮各庄村同乐会	榆垡镇政府
19	天宫院五虎少林圣会	北藏村镇政府
20	宋氏形意拳	天宫院街道办事处
21	大兴皮影手工制作技艺	黄村镇政府
22	大兴南路烧酿制技艺	北京方庄酒厂
23	李家务道教礼俗仪式音乐	长子营镇政府
24	沁水营神叉老会	长子营镇政府
25	八极拳	魏善庄镇政府
26	沙河村挂灯习俗	安定镇沙河村村民委员会
27	程氏八卦掌	青云店镇文体中心
28	东黄垡同乐会	礼贤镇宣传文体中心
29	金氏风筝制作技艺	西红门镇宣传文体中心
30	北京清香型高度酒酿制技艺	北京二锅头酒业股份有限公司
31	永定河民生习俗	北京市大兴区文化馆
32	大辛庄仙橇圣会	礼贤镇政府
33	曹氏风筝	高米店街道
34	清代官式建筑彩画技艺	安定镇政府
35	牛骨数来宝	庞各庄镇政府
36	石垡高跷	榆垡镇政府
37	青云店人祖门少林派	青云店镇政府
38	李氏柳编	安定镇政府

第三节 特色项目

一、民间传说类

（一）永定河传说

大兴位于永定河冲积平原，这一地区有许多民间传说。“永定河流域传说”是集体创作的，每个传说都在不断地传承或在讲述的过程中受到无数的讲述者的加工、琢磨。这种加工既包括讲述者的思想、感情、想象和艺术才能，也包括听众意见和情趣。它是一定时期社会生活的反映，具有鲜明的地域性、历史性和真实性。该项目2007年入选大兴区级非物质文化遗产代表性项目名录。

大兴记忆

（二）御林古桑园传说

大兴区御林古桑园位于大兴东南部安定镇境内。这里古树参天，风景秀丽，出产的桑葚个儿大、味儿甜，有着独特的品质，曾是进奉皇宫的贡

御林古桑园

品。御林古桑园历史渊源久远，各种民间传说广泛流传，这些传说故事大多以文化古迹和历史人物做依托，加以虚构和想象，寄托人们的思想，表现喜怒哀乐，歌颂善良与正义，抨击黑暗与丑恶。该项目 2007 年入选大兴区级非物质文化遗产代表性项目名录。

（三）南海子传说

南海子在北京城南 10 公里处，是辽金元明清五代皇家猎场，元明清三

南海子相关资料

代皇家园囿。南海子系列传说大多以地区内的历史遗迹和历史事件为依托，加入丰富的想象，不断地进行完善和创作，是这一区域历史和文化的民间表现形式，能够独立构成体系。该项目于2007年入选大兴区级非物质文化遗产代表性项目名录。

二、传统音乐类代表性项目

（一）白庙村音乐会

白庙村音乐会是僧传笙管乐，为小型乐队形式。它具有北京地区的禅乐和民间吹打乐特点，历史悠久、脉络清晰，曲牌曲谱及演奏形式保存基本完好，艺人演奏技艺娴熟，是一项宝贵的音乐类文化遗产，具有较高的历史、艺术及文化价值。

白庙村音乐会的传承方式是口传心授，已经流传了二十几代，前几辈队员无从考证。以乐队成员现年75岁的贾朝生为例，传承关系依次是第一代贾进恒，第二代是贾朝生的曾祖父贾兴知，第三代是他的祖父贾永善，

白庙村音乐会练习

第四代是他的父亲贾振东，第五代贾朝生，所使用的乐器为：笙、管、笛、锣、钹、铙、镲、鼓8种，后加入木鱼和手磬变成10种。乐谱为工尺谱。原有乐谱100余首，目前仅存70余首，是1985年后老艺人凭着记忆整理出来的，其余已失传。

白庙村音乐会的演奏队伍，目前由15人组成，乐器为12种。表演一般由9~11人进行，队员们分为前后两场依次坐定，前场由小镲开场，鼓、锣等打击乐器演奏，后场由笙、管、横笛等乐器演奏，前后两场交替进行，依次循环，直至曲目演奏结束。

白庙村音乐会2007年入选国家级非物质文化遗产代表性项目名录。

（二）李家务道教礼俗音乐

李家务道教礼俗音乐是大兴区长子营镇玉皇庙有序传承的道教音乐，与北京白云观道乐一脉相承，是京郊唯一现存的道教音乐。该音乐存续历史悠久，传承脉络清晰，现存曲目丰富，演奏技艺高超，是极为珍贵的民族音乐文化遗产，具有很高的保护价值。该项目2012年入选大兴区级非物质文化遗产代表性项目名录。

李家务道教礼俗音乐

（三）道教《北京韵》

《北京韵》是曾经在以北京为中心的天津以及河北部分地区的道教斋醮科仪法事中被广泛使用的一套道教音乐的总称。《北京韵》来源于北京白云观。白云观在过去曾经长期使用全真派通用的《全真正韵》（也称《十方韵》）作为法事音乐。清末，方丈孟永才为了留住游方的经师长住观内而把《十方韵》改为北京地方的《北京韵》。

抗日战争期间白云观失火，道士或死或逃，不幸造成了《北京韵》在白云观传承的断档。在大兴县东部长子营有一道观——良善坡蟠桃宫。该道观所有斋醮科仪法事均与北京白云观相同，使得道教《北京韵》得以保存至今。

北京韵采取口传身授的方式，徒弟在师傅的带领下根据演出需要唱出高低音和快慢节奏，老艺人唱一句新会员学一句。

《北京韵》现在的传人为青云店镇小回城村的张玉国，法名宗艺，号善德，1963 年生，1994 年开始学习诵经，为第 22 代弟子。

张玉国的师傅为郑文采，法号理净，号青云道人（1913~2005），先在

《北京韵》资料

良善坡蟠桃宫出家修行，1952 年后到天津玉皇庙，20 世纪 80 年代初期返回大兴教授弟子用北京韵读诵《太上全真施食科仪》《萨祖铁观炼度施食》《灵宝施食》等道教经文。用《北京韵》诵的经书主要参加附近村落丧葬活动的演出。

该项目 2009 年入选大兴区级非物质文化遗产代表性项目名录。

三、传统舞蹈类代表性项目

（一）太子务武吵子

武吵子是由文吵子、武术和民间大秧歌结合而形成的。榆垡镇太子务村武吵子会成立于 1730 年前后，最早只有 10 余人，以后逐步发展，队伍不断扩大，最多时发展到 1000 多人。武吵子风格强悍、粗犷、舒展大方，具有较高的社会、民俗及文化价值，在北京有一定的代表性。该项目 2014 年入选国家级非物质文化遗产代表性项目名录。

太子务武吵子

武吵子表演

（二）西瓮各庄同乐会

西瓮各庄同乐会历史悠久，可追溯到清同治年间，至少有 150 年以上

西瓮各庄同乐会

的历史。同乐会是海笛与多种打击乐器的合奏，主要乐器有海笛、大鼓、铙、镲、小镲等。演奏的乐曲可分为长曲和小曲，现存的长曲有“月照金山”“过楼”等，小曲有“豆叶黄”“柴梆子”“文朝凤”“武朝凤”等 20 余首。该项目 2012 年入选大兴区级非物质文化遗产代表性项目名录。

（三）东黄垡村同乐会

东黄垡村同乐会是由庙会上的花会演变形成的，以乐器表演为主，多在喜事、庆典等欢乐的场合进行表演。乐器表演分文武场，文场主要是唢呐、笙等，武场主要是鼓、镲、锣等，其中又有鼓头统领武场的表演。东黄垡村同乐会所演奏的音乐是京南传统花会音乐代表。该项目 2016 年入选大兴区级非物质文化遗产代表性项目名录。

（四）石垡高跷

石垡高跷最早创建于清朝嘉庆末年，当时称为“石垡村高跷圣会”。高跷腿高四尺六，演员脚踩木跷，身着戏装，边游行，边舞蹈，边表演。

石垡高跷

一般以舞队形式表演，舞队人数十多人至数十人不等；舞者扮演梁山好汉故事角色形象，服饰多模仿戏曲行头；常用道具有扇子、手绢、锣鼓等；表演形式有“踩街”“撂场”“定点台子”三种，角色间多单舞、对舞、群舞等。在圆场撂场时还有唱曲，形式有独唱、对口唱、群唱等，唱词内容多见历史人物典故等。该项目 2019 年入选大兴区级非物质文化遗产代表性项目名录。

（五）天宫院五虎少林圣会

天宫院五虎少林圣会（简称天宫院武会）成立于 1900 年左右，由第一代老香头马恒顺请来师傅，招收村中一批年轻人成立，武会从创办至今，已有五代传人。

天宫院五虎少林圣会自成立发展至今，已形成一套独特的出会、表演方式。天宫院五虎少林圣会各种武术套路编排主要由赵匡胤登基前，在董家桥打败董家五虎的故事演绎而成，所有集体项目是武会的核心。演绎中，赵匡胤因罪发配，途经董达所辖桥头，结识郑子明、柴荣等人，三人为躲避董达索要过桥费，引发了一系列武打场面。

天宫院五虎少林圣会

天宫院五虎少林圣会融合了中华传统武术与民间花会的双重文化内涵，极具武学、民俗学的价值。崇尚“尚武精神”，爱国保家健体强身，对推动全民健身具有现实意义。该项目 2012 年入选大兴区级非物质文化遗产代表性项目名录。

（六）沁水营村“神叉老会”

沁水营村“神叉老会”起源于明代，兴盛于清代。从明朝沁水营村观音庙里的和尚“耍钢叉”，清朝康熙年间的“开路”，到清晚期受皇封改叫“神叉老会”，已伴随沁水营村民数百年。

沁水营村“开路”清朝是兴盛期，参加活动的会员有 100 多人，不但参加地方走会，也多次参加京城走会。清朝光绪年间的农历四月，沁水营村“开路”去参加妙峰山的朝山花会，当路过颐和园的时候恰巧遇上慈禧太后在颐和园北宫门城楼上看走会，她发现该会表演的技艺精湛，倍加赏识，命差役将沁水营“开路”诏进皇宫参加皇会表演。这次表演受到了慈禧太后封赏，赐予该会一把龙叉和一面黄云缎龙旗，龙旗上书有“神叉老会”四个大字。

沁水营神叉老会

沁水营村“神叉老会”历经数百年的社会变迁，起源和兴衰于封建时期，它所以会有如此长久旺盛的生命力，主要是因为它能够满足人们的精神需求，给民间增添了无穷的快乐。随着宗教的日益世俗化，花会的娱乐功能往往自然而然地在一定意义上取代了宗教功能。在组织庙会和花会时，人们都希望搞得热热闹闹，来表达自己虔诚之际，也尽情地享乐一番，放松心情，调整一下劳作的紧张情绪。对于“神叉老会”会员而言，既能强身健体，又能以艺会友，得到人们的尊重和赞誉。

沁水营神叉老会自成立发展至今，在大兴区传承有序，形成了一套完整的表演方式，具有重要的历史文化价值。

（七）大辛庄仙橇圣会

大辛庄仙橇圣会，是一项优秀的传统文化项目。

北京市大兴区礼贤镇大辛庄的仙橇圣会成立至今，已有 200 多年历史，延续至今已有 10 代传承。走进村镇，一提起大辛庄的高跷，可谓是人人皆知。现如今，老会员 30 余人，其中最大年龄 95 岁，平均年龄 65 岁；新会员 35 人，平均年龄 28 岁。

高跷会体制至今依然延续着老传统及规矩，由箱头、会长、演员、化妆、道具、护会队员、地锣、地鼓等组合成。高跷会延续至今，保留下来的高跷曲还有 40 余首。词曲没有谱排，都是由老师傅心口相传，歌声飘飘荡荡，哼哈韵味十足，例如：《大哭马》《大问答》《抱马》《出场曲》《春景》《夏景》《秋景》《冬景》《封侯挂印》《借东风》《樵夫曲》《五更》《白猿偷桃》《孟良盗骨》《八仙庆寿》《晚景》《道场曲》等。

大辛庄的高跷会主要分为 12 个角色，其技艺各不相同，群活有驼象牛、蹲山子、单栅栏、双栅栏、荷花出水、抬花轿、拉大车、编花篮、蹲蝴蝶、神龙出海等，环环紧扣。

陀头：手持双棒，其主要绝活为消发、转棒、背棒、悠棒、蹲桩等，形态坚硬威严，可谓开路先锋。

小二哥：手持马鞭，多为小巧角色，其主要绝活为蝎子钩、怀中抱月、销金腿等。

药先生：手持虎撑，动作搞怪幽默，绝活主要为驴打挺、鹞子翻身、背剑客以及十二斗等。

文扇：手持花扇子，主要负责扭动，形态优美，与武角相互呼应，别是一番景象。

樵夫：手持扁担，一副中年男子的装扮，硬朗，绝活为剪子股。

锣：锣分为丑、俊两种，手持马锣上下翻飞，其绝活为煽锣、猴啃桃，双贯耳、单贯耳等，主导演出伴奏一角。

鼓：鼓分为丑、俊两种，身背高跷鼓，其绝活为坐鼓、大花鼓、小花鼓等，主导演出伴奏一角。

武扇：手持大扇子，有美公子的美称，姿态优美，动作超绝，绝活有大辛庄十三把扇子、十二斗等。

渔婆：手持鱼竿、扇子，姿态以扭动为主，与武扇有默契的扑鱼等花活儿。

渔翁：手持鱼竿，扭动姿态多为老者形象，其最主要为唱功，高跷曲目多由渔翁角色领唱。

上述十二角色，可多人扮演。每逢佳节，跷上人员舞动的身姿，犹如长龙，惊险绝伦的表演伴随着阵阵叫好声，尽显一副繁荣昌盛、佳节美景。

大辛庄的高跷会，不仅仅给当地百姓带来了娱乐，也给喜好这项表演的邻村带来了文娱的追捧。它是一项集娱乐、健身、表演为一体的民间花会，是北京地区特有的民间花会之一，发源于民间，具有广泛的群众基础，是人民群众情感的维系与交流，是民间文化的传承。

四、传统技艺类代表性项目

（一）北京养蜂制蜜技艺

北京百花蜂业科技发展股份公司生产的成熟蜜，从蜜蜂饲养到蜂蜜采集加工，仍保留着传统蜂蜜的生产工艺，是老北京蜂蜜文化的代表。蜂农在采蜜时，要经过摇蜜。摇蜜要“掐头去尾留中间”，这样摇取的全部是蜜蜂真正酿制出来的自然成熟的封盖蜜。该项目 2012 年入选大兴区级非物质文化遗产代表性项目名录。

（二）大兴南路烧白酒酿制技艺

大兴地区的酿酒文化，可追溯到金代，清代大兴地区酿酒烧锅遍布各个集镇。因大兴县黄村属康熙二十七年（1688）设置的南路同知驻地，故大兴的烧锅统称“南路烧”。1994 年北京方庄酒厂在原南路烧酿酒大师——第三代传承人王有贵的口传心授和精心指导下，全面继承南路烧传统酿酒技艺，酿出的酒液清澈透明，醇厚甘洌，回味悠长。该项目 2014 年入选大兴区级非物质文化遗产代表性项目名录。

（三）古琴制作技艺

古琴制作技艺是采用桐木（或杉木）和梓木配以大漆、鹿角霜、硬木、蚕丝等材料融合传统木作、漆作的一种古老的手工制作技艺。现分布于北京、江浙以及中原的部分地区。该项目 2009 年入选北京市级非物质文化遗产代表性项目名录。

古琴

古琴造型雕刻

（四）李氏柳编技艺

李氏柳编技艺来自家传。第五代传人李久玉，自幼学习柳编，多年来学习前辈经验，不断钻研，在老艺人的带领下，从农村实用的草筐、蒲团等使用工具入手，逐步掌握了用柳条、玉米皮等编织各种工艺品技艺，后来形成自己的特有风格。他把民间实用技术和工艺美术有机结合，将柳编从普通的生活用品变为人见人爱的艺术品。该项目 2019 年入选大兴区级非物质文化遗产代表性项目名录。

柳编

（五）金氏风筝制作技艺

金氏风筝制作技艺属北京传统风筝，又称京式风筝，有宫廷风筝和民间风筝之分，制作技艺上既相互影响、浸透，又有各自独特之处。其制作技艺综合了金派风筝骨架结构精巧坚固、马派画片设色雅致瑰丽、图案活泼逼真之所长，形成了独具特色的风筝流派。

清末，北京宫廷风筝的代表人物为金福忠，他也是北京传统风筝的代表。金福忠（1889~1978）原名金毓堂，曾在宫中任“供奉”一职。主管皇宫中扎制风筝、描绘宫扇等彩扎事务。由于他扎制技艺精湛，深得慈禧太后的赏识，赐名“金福忠”。金氏风筝做工细腻、用料考究、绘制精美、放飞富有情趣，尤以拟人化的扎燕子凸显北京特色。1949 年前后，时任北京画院画师的马晋向金福忠学习风筝制作，将专业的绘画技巧运用于风筝制作，并形成独特流派，业内称为“金马派”。1963 年，胡铁庄正式拜马晋为师，成为其唯一弟子。胡铁庄吸收了前辈风筝制作之所长，融通传统各类型风筝，扎、糊、绘、放四艺俱精，集马晋的画风和金福忠风筝起飞性能好的扎制技法于一身，是北京传统风筝制作技艺的优秀代表。

金氏风筝

金氏风筝制作技艺在体育游戏、绘画艺术、民俗等方面体现出较高的文化艺术价值，且具有健身、陶冶情操、抒发情怀、增进友谊等社会价值。该项目入选大兴区级非物质文化遗产代表性项目名录。

（六）大兴皮影手工制作技艺

皮影是流传广泛并独具特色的一种艺术形式。它综合了戏剧、音乐、美术等专业，集文人写作、艺人刻绘与民间演唱为一体，蕴藏着极为丰富的文化艺术资源。

大兴皮影手工技艺制作始源于北京路家班。北京路家班皮影是路氏祖先于清代嘉庆年间创立，至今已有300余年历史，是目前唯一幸存的北京皮影家族班社。路家班皮影保留了传统北京皮影的艺术精华，影人雕制精美，唱京腔京韵，念悠扬动听，表演细腻传情，被北京工艺美术行业协会、北京民间文艺家协会、北京玩具协会等确认为以姓氏命名的艺术流派，誉名“路家班皮影”。

李铭，北京市大兴人，自幼残疾，2008年拜路家班第六代传人路海为师，学习皮影制作技艺，形成了自己独特的风格。李铭把陕西、河北等地的皮影造型与北京的皮影特点相结合，通过皮影身子公用，换不同风格的头茬，避免了一身影不能替代的情况。在雕刻上使用一把刀雕刻，用形刀代替月牙刀雕刻出烦琐复杂的镂空花纹，使作品栩栩如生，活灵活现。

皮影的制作过程主要有选皮、制皮、画稿、过样、雕刻、上色、热处理、精装等环节，每幅作品能保持五六百年不褪色，据有极高的艺术价值和欣赏价值。

五、体育与竞技类项目

（一）吴式太极拳

吴式太极拳创始人、满族人全佑是晚清时期的大兴人。吴式太极拳的奠基、定型、发展都是在北京大兴完成的，大兴是吴式太极拳发展的历史源头。

19世纪末，全佑在王府先后师从杨露禅和其子杨班侯学练大小架太极拳。经多年精心苦练，逐步形成具有自己风格特点的中架式太极拳，为吴式太极拳的形成奠定了基础。

1902年全佑去世之后，其弟子王茂斋、吴鉴泉（全佑之子）等经过多年精研，将其定型为吴式太极拳。

其特点为：中正安舒、不纵不跳、不打不发、轻柔缓慢、松静自然、紧凑舒伸、圆活灵巧，点（穴）、打（击）、拿（反关节）、发（掷）、摔（倒）、卸（骨）融为一体、含而不露。

历代传承人在继承前人的同时，大胆创新，使内容愈加丰富，目前该拳种包括：太极桩功、拳术套路、器械套路、太极推手、太极散手、祛病健身小功法等多方面内容。

目前，国内外习练吴式太极拳者达十余万人。北京大兴是吴式太极拳创始人全佑的家乡，有着很好的群众基础和文化氛围。该项目的传承人张全亮武德高尚、技艺精深，业绩显著、具有深厚的理论和教学实践经验，在其努力下该拳种得到迅猛发展。

（二）宋氏形意拳

宋氏形意拳是宋世荣、宋世德兄弟所创，现已有100多年的历史。宋世德一生未收徒，宋氏形意拳主要由宋世荣传授。宋世荣一生收徒甚少，其得意弟子有宋虎臣、宋铁麟、任尔琪、贾蕴高四人。第二代传人中代表人物有吴立孝、宋光华、孙福元等。第三代传人中代表人物有田进忠、陈常印、贾继尧等。田进忠主要弟子有钱国强、张增记、熊健等。

宋氏形意拳以传统形意拳象形取意、阴阳为母、三节为用、四象为根、五行生克、六合为法等理论为基础，以《内功四经》为准绳，参照《易筋》《洗髓》二经中易骨、易筋、洗髓及十二大力法的练功方法，先从《内功经》入手习练，次为《纳卦经》，又次为《神运经》，然后再练内功十二大力法，最后以《地龙经》收全功。其特点概括为动作严紧、快速完整、简洁朴实、沉着稳健、动静兼修、刚柔相济、惊弹抖掣、以意贯气、内外一体。

宋氏形意拳第五代传人李雨洁，中国武术六段，北京市武术院形意拳教练。1995年跟随形意拳名家张增记练习宋氏形意拳，后主攻宋氏形意拳。传授普及宋氏形意拳千余人，现有入室弟子近20人，多次带领徒弟、学生代表宋氏形意拳参加北京市、全国及国际的各种传统武术比赛，成绩卓著。该项目2012年入选大兴区级非物质文化遗产代表性项目名录。

（三）程氏八卦掌

八卦掌是著名的中国三大内家拳之一，具有自卫防身和强身健体的双重功能，是中国武术体系中的顶级拳术之一。现在通常认为是清末河北省文安县朱家务人董海川创传。董海川先师首先在北京城传授八卦掌，其墓地现在北京西郊香山脚下的万安公墓内。著名弟子尹福及其再传人自王府到达官显贵，大多在北京东部朝外一带及其京城东部区域，后传播到山东江苏等地，另一著名弟子程庭华及其传人主要在京城前门、花市苑及京南地区的著名武术重镇大兴区青云店镇。

青云店镇的张瑞田先生承接先辈的传统，先后学习了从武术基本功到入门拳、八趟满功弹腿、四趟二郎拳、二趟掩手及擒拿散手；武术器械一趟年枪、两趟行者棍，虎头双钩和三皇剑各一趟以及许多秘不示人的私功夫练法。自 1986 年起，追随当代程氏八卦掌大师、中国武术最高段位九段、北京市级非物质文化遗产传承代表人刘敬儒先生习练程氏八卦掌，即竭力传承程氏八卦掌为主，重振青云店镇武术之乡的美名。该项目 2016 年入选大兴区级非物质文化遗产代表性项目名录。

六、戏剧、曲艺类

（一）大兴诗赋弦

诗赋弦是目前仅存于北京市大兴区的一个地方民间小戏剧种。诗赋弦创始于 1880 年（清光绪六年），其前身为“十不闲”，至今已有 140 多年的历史。在一个多世纪的历史进程中，诗赋弦曾经产生了上百个剧目，形成了自己独特的唱腔和表演体系，创始人为朱广达和贾万全，开山剧目为《老西儿换》。

唱诗赋弦就像唱诗词曲赋一样，唱腔皆用民歌曲调根据剧情需要稍加修饰。武场以“花会”的大鼓、大镲，打开场前“官通”；文场以三弦、板胡、曲笛为其伴奏，控制节奏的乐器为七块竹板。诗赋闲只唱文戏，没有武戏。各剧目不分明显的场次，也没有严格的表演程式，只是根据剧情的发展，简单模仿生活中的人物，演员的上下场也大都很随便。唱腔属曲牌体。现存的唱腔曲牌共 31 首，其曲调主要来源于流行在河北及京郊一带的民歌小调，是民歌小调的填词和变体。

诗赋弦小戏剧种，总体保留了由民间杂曲小唱向戏剧过渡的演变过程的风貌，原始状态特色突出，是研究曲艺、戏曲及其演变过程的活化石，具有重要的研究、认知价值。

（二）再城营的五音大鼓

五音大鼓在《中国音乐词典》中这样记述：“北京琴书前身称‘五音大

鼓'，清代道光年间兴起于北京的东南部及河北省安次县农村，因以三弦、扬琴、四胡、鼓板伴奏，再加上演员的唱腔，合为五音故名。”

再城营的“五音大鼓子弟会”组建于清光绪年间，由“城南调”和“落腔调”演化而成的五音大鼓，在这个村已传承到现在历经120余年。

再城营“五音大鼓子弟会”使用的乐器，都有百年以上的历史了。其中扬琴和书鼓，是廊坊柴松洼村刘玉昆晚年送的，据文物收藏家钱锋先生考查，该琴至少有150年历史了，出自清朝手工作坊，现已被视为“师传珍品”。

五音大鼓的伴奏乐器以三弦为首、扬琴为核心，伴以四弦。它唱腔的音乐曲调多样丰富，几种曲调来回变换，音韵悦耳动听。唱词和书目体现出深厚的文化内涵和底蕴，词曲用字用韵工整、文学性很浓。书目内容丰富，有较强的教化作用和娱乐功能。

五音大鼓具有独特的本体构成和形成流变，因此具有十分丰富的历史文化价值。

第四节 大兴非遗的特点和意义

一、大兴非遗的特点

（一）种类多，涉及生产生活的各个方面

文化遗产是祖先留给我们的宝贵财富，是先人在历史上所创造的物质财富与精神财富的总和。非物质文化遗产不仅是其中的重要组成部分，更

是存活至今，具有旺盛生命力的宝贵财富。大兴位于永定河冲积平原，首都的南大门，元明清三代为依郭京县。特殊的地理位置和政治地位，使大兴的非物质文化遗产资源异常丰富，涉及民间文学、传统戏剧、传统手工艺、传统医药等各个门类。在分布上呈块状分布：后来的崇文（已并入东城区）、东城、朝阳等区域是历史上大兴的城区部分，也是传统手工艺、传统曲艺的聚集区；大兴的南部地区为村落，以农业生产为主。各种农作物种植技术、农产品加工技艺占有绝对的优势，这是千百年来人们生产经验、生活经验的总结，是人们赖以谋生的手段。当今大兴虽已脱离了传统的农业种植，大部分村庄拆迁上楼，由农民变成社区居民，但仍有部分地区从事农业生产，传统的种植技艺、农产品加工技艺仍有很大的存在空间和实用价值。与之相伴随的各种民间习俗、行业习俗也具有顽强的生命力。

（二）民间花会类项目是大兴非遗的优势项目

在大兴的非遗资源中，花会类项目是优势项目。大兴的民间花会数量多、历史悠久、传承脉络清晰，许多花会保存有清晚期、民国时期的会员名册、账目、曲谱，这些珍贵的资料中蕴藏着丰富的信息，是研究大兴历史的实物资料。在 2006 年的全区非遗资源普查中，有各类花会队伍 100 余支，其中大部分成立于清中后期，有的成立于清早期甚至明初期，几百年来一直在活动。这说明大兴有着适合于民间花会生长的气候和土壤。民间花会扎根于民间，深受百姓喜爱。

（三）缺乏有影响的重大项目

大兴的非物质文化遗产资源虽然数量众多，门类齐全，但也有一些不足，那就是缺乏有影响的重大项目。这也是大兴特殊的地理位置决定的。中华人民共和国成立后，进行了新的行政区划分，大兴的城区部分划出，成为东城、崇文（已并入东城区）、朝阳，北部的南苑划归丰台区，而这些地区是民间手工艺、传统曲艺的重要发源地和承载区。这些项目深受百姓喜爱，同时又能够紧随时代发展脉搏进行发展创新，创造经济价值，引起人们的广泛关注。因此造成了大兴此类项目的不足。

大兴的南部地区是村落，随着社会进步、经济发展，科学技术的普及与应用，传统的生产方式逐步被淘汰，许多优秀的项目消失或是濒临灭绝。

大兴文化遗产宣传

大兴的非遗——石垡高跷表演

民俗类项目产生于乡村，村落是重要的生存空间，但随着城市化进程的加快，许多村庄拆迁，这就使这类项目失去了生存的土壤，这个过程在20世纪80年代以前是缓慢的，但近几十年来却是飞速的；人的精神层面也是一个重要的因素，随着生活节奏的加快，人们忙于生计，没有时间与精力参与民俗活动，特别是当今社会，人们的娱乐方式很多，传统的民俗活动对民众也缺乏足够的吸引力。很多人对与农业有关的活动不感兴趣，缺乏关注。这也是大兴缺乏有影响力非遗项目的原因之一。

二、非遗对大兴文化建设的意义

（一）大兴非遗是大兴文化的重要组成部分

大兴的非遗是大兴优秀传统文化的重要组成部分。

大兴是首都的南大门，与首都北京息息相关，大兴的文化是北京文化的重要组成部分，特别是传统文化方面更是占有举足轻重的地位。

党的十八大以来，习近平总书记对于继承和发扬中国优秀传统文化作了诸多论述，全国各地方近年来都以不同形式加大了本地区历史文化的挖掘与保护力度。这是一件可喜可贺的事，是功在当代利在千秋的事，是树立文化自信的具体表现。大兴是古都文化重要的承载区。2016~2035年北京城市发展规划中提出了三个文化带建设，即：西山永定河文化带、运河文化带、长城文化带。大兴是永定河文化带的重要发源地和承载地区，大兴的永定河文化与其他地区的不同，有自己独到的特点，这是由大兴特殊的地理位置决定的。大兴区委、区政府在文化的挖掘与整理方面做了大量工作：先后开展了南海子文化、南中轴文化、新国门文化等专题研究，积累了宝贵的经验，但大兴的文化是什么还一直处于研究与探讨方面，没有一个权威的说法。

大兴到底属于哪种文化暂无权威定论，但是不管梳理大兴为何种文化，几乎都离不开大兴的非遗文化。非遗是优秀传统文化的重要表现形式，是传承至今的宝贵财富。无论是北部地区的南海子文化，东部地区的移民文化，还是中部地区的南中轴文化，都是以大量的非遗文化为支撑的。可以说，大兴丰富的非遗文化，是大兴多种文化符号的母体，是大兴文化的

大兴的非遗活动

基础。

（二）大兴的非遗文化是生产生活的总结，是优秀的地域文化

“一方水土养一方人”，同样也是这一方人创造了一方的文化。对于历史悠久的大兴来说，有着千百年来积淀下来的丰富的文化资源、独具特色的种植养殖技艺、农产品加工技艺，婚丧嫁娶、岁时习俗等文化瑰宝，人们生产生活经验的总结等，有着重要的历史意义和现实意义。作为新时代的大兴人，我们要继续做好非遗文化的保护与传承，进一步加大宣传力度，加大培训及对群众的普及力度，留下历史文化记忆。要推动优秀传统文化创造性转化、创新性发展，把非遗文化保护工作与打造地方文化名片相结合，增强文化软实力，为经济发展注入新活力。

（三）大兴的非物质文化遗产是京津冀一体化的最佳体现

大兴的非物质文化遗产是京津冀一体化的最佳体现，这从很多方面可以体现。如：大兴的很多民间花会曾受过皇封，或者进宫为皇帝表演，如沁水营村的神叉老会、采育大黑垡中幡等；有的来源于京城寺庙道观，如白庙村音乐会来源于北京潭柘寺，李家务道教礼俗音乐来自白云观。这些非遗项目，正是皇家宫廷文化、官府文化和民间文化相互交流、融合的产物。大兴的采育镇、青云店镇、长子营是京津冀文化的走廊，天津、河北两地的文化通过这里到达京城，两地的文化通过这里走向京城，如进入国家级项目名录的冀中笙管乐，里边有十几个子项目，这些子项目大多分布在北京、天津及河北的保定、沧州、深州等地。历史上，京津冀三地曾因行政区划而被割裂，但是在文化层面上，三地根本就未曾分开过。

（四）大兴非遗有利于提升大兴人的文化自觉和文化自信

大兴地区丰富的非物质文化遗产，是一种看得见、摸得着的文化，并且在全国有着标杆式的地位，这对于提升人民的文化自觉和文化自信起到了很大的作用。近年来，通过大兴非遗保护中心的挖掘、整理和保护，已经逐渐地展现出政府扶持、民间传承的良好合作局面，未来大兴的非物质文化遗产一定会更加强大。

三、保护文化遗产是功在当代、利在千秋的大事

（一）完善保护体系，是非遗保护工作的保障

建立科学合理的名录体系是非遗保护工作的重要一环。经过十几年的工作摸索，大兴区建立科学合理的国家、市级和区级三级名录体系和区、镇、村三级非遗保护体系，进一步明确了非遗保护工作的属地化责任，为非遗项目传承发展创造良好的社会环境。一是区财政每年拿出专项资金用于非遗保护和传承。二是所有区级保护项目名录，须有主管副区长以上领导签发至区各镇街和各职能部门，形成全区合力，支持非遗发展。三是紧紧依靠各镇宣传部和文体中心，把非遗保护和其他文化工作一并纳入各镇政府绩效考核内容。以魏善庄镇为例，该镇将钧天坊古琴的发展列入党委中心组学习内容和镇政府规划课题，每年支持古琴的资金不低于区级资金，在魏善庄中学组织古琴培训班等。这些工作的开展，使魏善庄镇成为北京市 2012 年度非物质文化遗产保护贡献奖的唯一一个镇级单位。

（二）夯实基础，建立完备的传承体系

建立科学合理的名录体系是非遗保护工作的重要一环。为了把本地区的重点项目推介出来，建立完备的名录体系，大兴区从 2005 年开始进行申报工作，“大兴诗赋弦”经过专家认证，成功入选首批《北京市级非物质文化遗产代表性名录》。区级名录申报每两年进行一次，在申报时大兴区聘请专家撰写论证报告，拍摄申报片，由非遗工作人员严格把关，对每个项目进行指导，聘请市文化局非遗评审专家库中的专家对申报项目进行评审，通过专家评审的项目在网上公示没有异议后报区政府予以公布。目前，大兴区已公布了 6 批大兴区级非物质文化遗产代表性项目名录，有 31 个项目入选。在做好区级名录的同时，大兴区积极组织申报北京市级、国家级代表性项目目录。经过努力，大兴区有 4 项进入国家级项目名录，有 5 个项目进入北京市级非物质文化遗产代表性项目名录；有 4 人被列入北京市级传承人，1 人被评为国家级项目传承人。

（三）展示展演，让非遗走进百姓生活

近年来大兴区非物质文化遗产以多姿多彩的态势，融入当代的社会生

大兴的非遗活动表演

活中，成为大兴文化建设的重要组成部分。

“文化遗产日”已连续举办了12届，每届都有新亮点，活动由开始的上街宣传散发材料逐步发展为优秀项目展演、展示、展览等系列活动，参与人数不断上升，让非遗走进了千家万户。

从2010年开始，每年的春节期间，连续举办“非遗项目大串门传统文化大拜年”活动，深受群众喜爱。例如2012年“正月正　闹新春——大兴区传统花会新春大拜年”活动在南海子公园举行。活动包括：市内代表性非遗项目展示、本地区传统花会表演和民间手工艺展卖、群众互动演唱等多项内容。来自全区14个镇5个街道办事处的38档花会、19个非遗项目参加了活动，近10万群众观看了演出。

在大兴非遗项目的推广和宣传方面，采取了“拓渠道”与“走出去”相结合的方式。

“拓渠道”，主要是利用

媒体资源，面向社会大众深度科普大兴非遗项目的具体情况和相关政策。其中包括：《大兴报》为非遗保护工作推出非遗专栏。以《留住乡愁，绽放新姿——新区非物质文化遗产保护工作纪实》为题深入报道了文化馆非遗保护工作的各项成果和相关情况。2017 年上半年先后在《大兴报》推出三个专版介绍了武吵子、同乐会、雕版刷印等非遗代表性项目。协调《北京晚报》以及北京电台《非遗时光》节目组对大兴区内非遗项目诗赋弦等进行报道。在文化馆的微信平台上，对大兴区非遗项目的申报情况，非遗工作的开展情况以及非遗项目展演、展示等活动进行实时发布和公告，使群众能够及时了解区内非遗工作的状况。

大兴的非遗活动表演

“走出去”，是指组织区内的非遗项目在跨区域的活动中进行展演、展示，面向整个社会宣传大兴优秀的非遗项目。主要包括：将区内优秀非遗项目推介到重大活动中进行展演。如带领皮影、面塑、风筝、雕版刷印参加在南海子举办的海外学人交流活动；组织风筝、皮影、雕版刷印、黑陶、面塑、剪纸在 2017 首届都市休闲高峰论坛上进行展演等。

积极参加其他区县的非遗交流活动。如带领诗赋弦非遗项目参加北京市第四届“非遗大观园”，该项目分别在“八达岭国际会展中心”和“世界葡萄博览园”参加了两场展演活动，受到了在场观众的热烈欢迎，在一定程度上提高了大兴区非遗项目在全市的关注度。

（四）树立精品意识　打造品牌

树立精品意识，打造品牌活动，是大兴区做好非遗保护工作的重点方向。多年以来，紧紧围绕这一思路，积极开展了大量工作。

古琴制作技艺是大兴区具有代表性的非遗保护项目，为探索文化创意产业的发展新路，努力提升大兴的文化艺术品在国内、国际上的竞争力，打造大兴品牌。大兴区对古琴制作技艺给予了特别的关注。2011 年，我们在魏善庄中学建立了古琴传承基地，取得了一定的教学效果。2016 年世界月季洲际大会期间，举办了古琴展示活动，内容包括：琴人雅集、欣赏茶道、香道与插花艺术、观众体验、古琴演奏者现场教学、古琴文化讲座等项内容。支持王鹏先生先后在国家大剧院、沙特、中东等国家和地区，举办多个展览和主题音乐会。中央电视台等多家媒体先后进行了报道，钧天坊古琴和王鹏先生在业界的影响力进一步提升和扩大。

太子务武吵子于 2014 年进入第四批国家级非物质文化遗产名录，是北京地区特有的民间舞蹈形式之一，具有浓郁的地方特色。为了使其更好的传承与发展，2016 年大兴区对太子务武吵子进行挖掘提升工作，恢复传统仪式和传统表演套路，使其在实现伟大中国梦的历史进程中焕发出新的活力。工作内容主要包括：组建太子务武吵子深化提升工作小组；聘请专家到太子务村进行调研，充分挖掘太子务武吵子的文化内涵；根据专家意见聘请武术、舞蹈专家对该项目进行提升保护，恢复传统仪式、礼仪、编排表演套路，使之成为具有浓郁地方特色的非遗项目。

白庙村音乐会是大兴最早进入国家级名录的项目。为了做好该项目的传承，大兴区在 2016 年对该项目投入保护资金 30 万元，为表演队购置服装道具。先后邀请北京电视台、北京人民广播电台、大兴电视台、《大兴报》等媒体为其制作节目和专访，很好地提升了该项目的知名度。

吴式太极拳于 2013 年进入国家级项目名录，是大兴区有代表性的武术类非遗项目。近年来大兴区文委与各有关单位通力合作，大力推动该项目的传承与发展，如与大兴区体育局合作，举办了大兴区社会体育指导员（吴式太极拳）培训班，经过现场考核，120 名学员全体通过考试，获取国家二级社会体育指导员证书。在大兴区老年大学开设了太极拳培训班，招收学员 200 余人。在基层开设了 21 个辅导站，目前大兴区内的吴式太极拳练习者已经达到 5000 余人。与兴丰街道、魏善庄镇等单位合作，举办 4 次太极拳大赛，每届都有 40 余支队伍参赛，参与群众近万人。

对于大兴诗赋弦，大兴区组织该项目先后进行展演 8 次，观众达 2 万余人。先后邀请大兴电视台、《大兴报》、北京电视台、北京人民广播电台为其制作节目和专访6次，很好地提升了大兴诗赋弦的知名度。同时，从2007年开始，在每年的正月初八至正月十五在西里河村举办诗赋弦专场演出，连续十余年不曾间断，吸引了几十个村子的群众前去观看。

（五）非遗进校园，让学生成为非遗传承的生力军

非物质文化遗产是我国传统文化的一个重要组成部分，也是对学生进行传统文化教育的好素材。大兴区从2012年开始启动非遗进校园工作，经过数年的努力已初见成效。太子务武吵子、吴式太极拳、古琴传统技艺等10个项目走进了校园，分别有魏善庄一小、榆垡镇中学、榆垡镇小学，印刷学院附小、瀛海镇一小等全区20余所学校先后开设了非遗校园课程，武吵子在太子务小学组建了30余人的少年队，大兴六小被本区教委命名为剪纸特色校。2015年的文化遗产日期间，区文委、区教委在太子务小学共同举办了非遗进校园汇报演出，有6所学校被授予非遗传承基地铜牌。2016年将风筝制作、皮影制作、面塑等民间手工艺项目引进瀛海第一中心小学，6月6日，在文化馆展厅举办了汇报展览，展出师生作品300余件。

（六）传承文化　留住记忆

随着大兴区飞跃式的发展，新机场已经开始建设并投入使用，周边很多村落都面临着拆迁。村子拆了，但祖先留给我们的文化遗产不能丢，这是历史赋予我们的责任。大兴区将此项工作作为重点来抓，早下手，多部门联动，尽最大可能保护好这些区域的非物质文化遗产资源。在大兴区的倡导下，长子营镇沁水营村开办了村史陈列馆，收集老地契、老照片、各种农具1000余件；在安定镇的后安定村建了民俗老物件仓库，收存老物件400多件；安定镇温馨家园的侯立宽先生投资2000余万元，建设了男耕女织文化园，收集各种老物件10000余件，仅本地区遗留的老石磨就有3000余个。

为了传承我国悠久的农业文明，弘扬深厚的农耕文化，2016年11月，举办了《一方水土一方人——大兴区农耕文化展》。展览一共分为五个板块，分别向大家呈现了：中国农耕文明发展历程、大兴区域的特色种植、农耕时期的老照片老物件、农耕时期人民生活场景还原、丰收的喜悦等内容。整个展览通过实物、照片和文字的形式展现了农耕文化的源远流长。

永定河是首都北京的母亲河，永定河文化是北京的母体文化之源，同时也是首都文化的重要组成部分。沿永定河畔居住的人们都深受永定河流域文化的影响，在生产生活过程中产生过许多带有地方特色的生产技艺，然而在现代社会高速发展的今天，这些传统技艺正濒临消失。文化馆组织人员通过摄影、录像、文字记录等手段将这些具有浓厚民间文化特色的传统手工技艺进行保存，为大兴人民留住这份独特的文化记忆。目前，已完成脱土坯技艺、蓝紫腿童裤制作技艺、布鞋制作技艺、搭火炕技艺等多个项目。

大兴位于首都北京的正南方，是首都北京的南大门，随着新一轮城南行动计划的启动和新机场的启用，大兴将进入快速发展的新阶段，现代社会的快速发展，在带来巨大的经济利益的同时，也对非物质文化遗产资源造成了一定程度上的破坏，如何处理好这种关系，是摆在大兴人面前的一道难题。大兴的非物质文化遗产保护工作任重而道远，且行且珍惜。

第五章 大兴优秀传统文化的载体——历史名人

第一节
建功立业　著书立说

一、政治军事名人

（一）张华

张华，字茂先，生于魏太和六年（232），范阳郡方城县人（即今大兴区榆垡镇南张华村，西晋成村，曾名张贤里）。晋武帝时，张华官拜中书令。在西晋灭吴的战争中，张华力排众议，极力主张伐吴，以“度支尚书”之要职运筹谋算，保证军需，立下大功，晋武帝封其为“广武侯”，称为“有谋谟之勋”。惠帝继位后，赵王司马伦与孙秀结党谋篡，张华拒从被杀。张华学识渊博、工于书法，被比作子产（春秋时政治家、思想家），编有《博物志》等，是中国历史上颇有影响的人物。

（二）朱筠

朱筠，清代学者，字竹君，号笥河，大兴人。乾隆进士，授翰林院编修。乾隆三十三年（1768）擢侍读学士，充日讲起居注官，三十六年（1771）提督安徽学政，大力扶植学术。程晋芳、任大椿皆其所取之士，戴震、邵晋涵、章学诚、王念孙、黄景仁等先后受其指导。三十八年（1773），乾隆下诏求遗缺之书，朱筠奏请从《永乐大典》中辑录古书，使数百种佚书收入《四库全书》，得以保存下来。长于经学，善书法，好金石文字。著有《笥河集》。

（三）孙承泽

孙承泽，山东益都人，字耳泊，号北海，生于大兴采育镇。明崇祯时进士，从县令做起，先后在河南、山西为官，颇有政声。清王朝入北京后，任吏部侍郎，顺治十年（1653）因荐人越位与皇帝意见相左，辞官不做，到北京西山樱桃沟著书立说。自称退翁，把这条山谷命名为退谷。在退谷的十余年中，孙承泽写出了《天府广记》和《春明梦余录》两部书，为研究当时北京景物与风情的传世之作。在今天樱桃沟门口的青石上，尚有“百日维新”发起人之一梁启超先生亲题的“退谷”二字。

（四）史可法

史可法，字宪之，祖籍直隶（河北）顺天府（北京）大兴县，于祖父时移居河南祥符县后史庄（中牟县狼城岗乡后史庄）。早年以孝闻名于乡间，崇祯元年（1628）中进士，出任西安府推官，后迁户部主事、员外郎、郎中。崇祯八年（1635）任右参议（军职），受命驻守安徽池州、太平一带，秋任卢象升（崇祯时名将，官至兵部尚书，当时任佥督御使）副使，负责安庆、池州一带防务，指挥江北军队。崇祯十年（1637）晋右佥督御史，巡抚安庆、泸州、太平、池州四府及河南光州、光山等地，督导各地军务，率兵万人。

顺治二年（1645）四月二十日，清兵围攻扬州，史可法调兵不至，城内守将总兵李栖凤、监军副使高岐凤拔营出降，城孤势单，史可法亲率部属分段拒守，决心与城共存亡。围城期间，清将多铎多次诱降，均被严词拒绝，四月二十二日清兵陷城，史可法不幸被俘。多铎再次劝降，史可法奋然高呼“我史督师无降理”。遂被害，时年45岁。

（五）朱珪

朱珪，字石君，号南崖，晚号盘陀老人。与哥朱筠，时称“二朱”，萧山蜀山街道越寨村，后迁黄阁河村。随父朱文炳由萧山客居北京大兴县，入籍顺天府。乾隆十二年（1747），17岁殿试为进士，选庶吉士，散馆授编修，侍读学士，历任两广总督，吏、兵、户部尚书，协办大学士，太子太保，太子太傅等职务。嘉庆四年（1799）由安徽巡抚上调北京。嘉庆十一年（1806）十二月五日卒，终年77岁。帝谥“文正”。

二、文化艺术名人

（一）李冶

李冶，元代数学家，字仁卿，号敬斋，真定府栾城县（今河北省栾城县）人。生于大兴，父亲李通为大兴府推官。李冶自幼聪敏，喜爱读书，曾在元氏县（今河北省元氏县）求学，对数学和文学都很感兴趣。《元朝名臣事略》中说："公（指李冶）幼读书，手不释卷，性颖悟，有成人之风。"

金亡北渡后，他不再为官，在桐川从事数学、文学、历史、天文、哲学、医学等方面研究。其中最有价值的工作是对天元术进行了全面总结，在1248年写成数学史上的不朽名著——《测圆海镜》12卷，这是我国现存最早的一部系统讲述天元术的著作。晚年完成的《敬斋古今黈》与《泛说》是两部内容丰富的著作，积多年笔记而成。此外，他还著有《壁书丛制》12卷。

（二）张茂节

张茂节，字蔚宗，生于明天启二年（1622），卒于清康熙四十年（1701）。张茂节少年时，家中殷实富有，为邑中望族。

康熙十二年（1673）升任直隶顺天府大兴县知县。十九年（1680）再度出任大兴知县，敕授承德郎，诰授奉直大夫。自二十二年（1683）十一月主持编纂《大兴县志》，翌年五月草成初稿，二十四年（1685）十二月《大兴县志》刊刻成书。

（三）刘献庭

刘献庭，字继庄，号君贤，大兴人。清初著名学者。康熙五年（1666），迁居江苏吴县。由于"三藩之乱"，南方动荡，自十二年（1673）冬起数年间躲入太湖洞庭山，潜心治学，博览群书。昆山徐乾学在洞庭山开书局，招揽人才，他曾前往。"三藩之乱"平，妻子张氏病故，于是外出游览山川，交结豪杰，遍采轶事，增广见闻，以验证所学。

康熙二十六年（1687），回到北京，他入馆参与编修《明史》和《大清一统志》。二十九年（1690），重回吴县。自该年夏，开始写日记。后来弟子黄宗夏依据其日记，为之辑成《广阳杂记》一书（据传，广阳城原址在庞各庄一带）。此后，到过湖北、湖南，曾经登临黄鹤楼，游览过衡山。他对音韵很有研究，对方言尤其重视，曾作《新韵谱》。三十一年（1692）夏在衡州署初定韵谱，先立鼻音2，其10度声，次定喉音4，后来陆续成书。三十四年（1695），病死吴县。弟子辈将他葬于吴陆墓山，送葬者数百人，人人痛哭失声。

（四）黄叔琳

黄叔琳，幼名伟元，字昆圃又字宏献，号金墩、北砚斋，晚号守魁。清顺天大兴县宛平镇（今属北京大兴区）人。生于清康熙十一年（1672），清代著名学者，历康熙、雍正、乾隆三朝。自幼即通四书五经。后从学饶仲如，研究性理之奥，又从吴述庵，究经世学。黄叔琳20岁时，以康熙辛未（1691）第三名进士（探花），授编修，累迁侍讲。著成《〈文心雕龙〉辑注》。乾隆二十一年（1756）卒，享年85岁，后人称为北平黄生、金墩守魁黄先生。

（五）黄叔璥

黄叔璥，字玉圃，顺天府大兴人。康熙四十八年（1709）进士，历任京秩。“六十一年，始设巡视台湾御史，满汉各一员，廷议以叔璥廉明，与吴达礼同膺是命。达礼正红旗人也。既至，安集流亡，博采舆论，多所建设。著《赤嵌笔谈》《番俗六考》，志台湾者取资焉。”（见《台湾通史》下册第658页，连横著，商务印书馆1996年）。也就是说，黄叔璥是清代派往台湾巡察的第一任御史，而“大兴黄叔璥”则是他自己在撰文时落款常用。

（六）翁方纲

翁方纲，字正三，号覃溪，又号苏斋，顺天府大兴人。乾隆十七年（1752）考中进士，官至内阁学士。乾隆三十八年（1773），清朝开设四库全书馆，他被任命为《四库全书》纂修官，又担任编修一职。

翁方纲精于考据、金石、书法之学，又是清代“肌理说”诗论的倡始人。书学欧、虞，谨守法度，尤善隶书，相传翁方纲能在瓜子仁上书写小楷字，功力精熟可见一斑。《清朝书画录》中他和刘墉、梁同书、王文治齐名，并称“翁、刘、梁、王”。他亦与刘墉、成亲王永瑆、铁保齐名，称“翁刘成铁”。

第二节 武术名人

一、大兴习武之风盛行

（一）大兴自古就有尚武之风

武术作为一种技击制敌的手段，具有防身自卫的功能。从武术的历史及发展来看，其最初就是作为人类生存的一种有效手段，被加以广泛传播，也就是武术所具有的技击价值。大兴地区在历史上天灾人祸不断，当地人的忧患意识和自我保护意识非常强烈，习武以防身自卫，原始的求生本能在大兴历史上曾是当地人最主要的习武动力。

历史上大兴曾多次作为交兵战场，武术作为军事技击制敌手段，在历史上流行了很长一段时期，虽然武术已从古代战争中逐渐消退，但是它在当今社会中仍具有一定地位。在现实生活中，不少人希望寻求一种有效的防身自卫手段，武术的技击防身价值正好满足了这种社会需要，它能使人们制敌防身、主持正义，从而激发了人们习武的积极性，增强了技击格斗意识。

（二）大兴的武举人

大兴因为所处特殊的地理位置，形成了深厚的文化底蕴，据《大兴县志》记载，明清两代，大兴籍进士、举人就达1700余人，其中进士500余人，由于年代的久远和资料的缺失，留下详细记载的并不多，特别是武术人才方面，大多是流传于民间的传说故事，留下文字的只有大兴区史志办编写的《大兴县志》，采育、青云店、庞各庄等镇编写的镇志以及史真20世纪80年代所著的《大兴县武举人稽考》，上面记录了大兴武进士、武举人的情况。

（三）中华人民共和国成立后武术运动发展概况

中华人民共和国成立后，武术运动得到党和人民政府的重视，受到保护和提倡。

在大兴县农村，由于开展武术运动的底子厚实，加上其所需场地、器材极为简便，所以会三趟五趟拳脚者比比皆是。遍布乡镇的武术会、武术社和一些民间的花会组织，如少林会、叉子会、狮子会、吵子会、五虎棍会、中幡会、龙灯会、跑驴、跑船、大头人等。除了平时表演（俗谓踩会），还能交流切磋比武，既锻炼身体、欢娱身心，又活跃了乡村业余文化生活，增进乡里间的团结和友谊。

1974年4月，大兴县举行了首届武术赛。各地老拳师亲自率队。比赛后，选出了第一支县代表队参加北京市第四届运动会，其中两人分获拳、械单项第2，其余选手进入前6名。

1975年，县业余体校建立武术队；1983年，县少年宫面向中小学招生，开设了武术班；1985年，西红门乡投资14万元，落成了京郊第一座农村武术馆，张百发副市长亲临剪彩。

大兴县武术运动员在历届市级武术比赛中共获金牌48块、银牌49块、铜牌58块。

1985年，在全国业余体校武术赛上，安万德与石景山张志涛配对获对练第三名；1988年，在全国第一届农民运动会上，安万德获优胜奖；1992年在全国第二届农民运动会上，大兴县组成6人农民武术队，代表北京参加武术比赛，安万德、刘劲松获自选拳优胜奖；韩香改（女）获太极拳优胜奖；集体刀术获集体表演奖。

二、武术名人

（一）吴鉴泉

吴鉴泉是吴式太极拳的创始人。在杨露禅到北京授拳时，其父全佑从学太极拳，后又拜杨之次子杨班侯为师，在杨式小架太极拳的基础上逐步修订，又经吴鉴泉改进修润而形成了流派，即“吴式太极拳”。吴式太极拳以柔化著称，动作轻松自然，连续不断，循规蹈矩，松静自然，独具静态之妙。拳架虽然小巧，但具有大架功底，紧凑中自具舒展，不显拘束。推手时，端正严密，守静而不妄动，以善化见长。

（二）宋世荣

宋世荣，字约斋，号镱泉，京兆宛平人（今北京大兴区）。秉性慷慨，有古侠士之风，自幼好学，喜读书，多才多艺，对诸子百家无不涉猎。于读书之余，常习少林拳和家藏《易筋》《洗髓》二经。年稍长，弃儒就商，17 岁时随其父宋永禄经商于山西太谷，开设“永善兴”钟表局。适逢李洛能亦在太谷从事保镖之业，宋世荣即拜李洛能为师，从学十年，艺业大成。

宋世荣 24 岁时，又结识了燕都刘晓棠。刘晓棠曾供职于沈阳故宫工部库中，库中藏有武学秘笈《内功四经》。它包括：《内功经》《纳卦经》《神运经》《地龙经》。刘晓棠遂将《内功四经》赠送给宋世荣。宋世荣得到之后，反复精研习试，并结合家藏《易筋》《洗髓》，于内功方面专心研究，其后又融会贯通太极、八卦诸拳，独创出了内功精深、发劲（力）独特、别具风格特色的宋氏形意拳。

宋世荣授徒非常严格，授徒虽少，然十余名弟子，个个出色。其最著名的弟子，当首推宋虎臣、宋铁麟、任尔琪、贾蕴高 4 人。此 4 人号称宋门四大金刚，乃是宋氏形意拳承前启后、继往开来的关键性人物，对宋氏形意拳的最后形成、发展、定型、完善起了重要作用。

（三）宋世德

宋世德是宋氏形意拳创始人之一，字辅仁，别号云鹤，直隶大兴县人，是宋世荣的胞弟，人称“二宋”。宋世德自幼随父宋永禄经商于太谷，学修钟表手艺，以后与其兄宋世荣先后拜师于“神拳”李洛能门下共同学练形意拳，共研《内功》《洗髓》二经，深研苦练，领悟拳理，意会其形，琢磨其妙，相互切磋，练就一身绝艺。他将内功与心意拳、内家拳完美地结合起来，使形意拳在体用兼备方面达到新的高度。成年后，他性格孤僻，少言寡语，爱好清静。在武术上狠下功夫，练功时不让外人观看，技艺逐渐达到了炉火纯青、出神入化的高超境界。在40余岁时只身一人云游四方，挟技遍走天下。宋世德一生没有收徒，曾于深山之中修道，七日不食，不知饥馁。晚年定居于太谷普慈寺内修禅，后涅槃于此。

（四）门宝珍

门宝珍，字聘三，是八卦掌创始人董海川领衔大弟子、尹氏八卦掌创始人尹福之弟子。1935年考入河北省国术馆，为第三期学员，擅长八极拳、罗汉拳及各路散打，曾任北京市武术协会委员、陈氏太极拳研究会常务理事兼秘书长等职。

第三节 地方名人 服务一方

一、名人文化与地方名人

（一）名人文化是大兴优秀传统文化的重要组成部分

大兴的历史与北京几乎同步，自元明清以来一直为依郭京县，与宛平分治京城，从某种程度上来讲，大兴的文化就是京城的文化。因为特殊的地理位置和政治原因，历史上许多名人就生活在大兴。因此，大兴的名人文化异常丰富，在历史各个时期都有名人产生，有的见诸史志典籍，在历史上发挥过巨大作用；有的文章诗文传世，至今仍被人津津乐道。这些人烛照千秋，在历史的时空中闪耀着耀眼的光芒，是一个较大范围的文化资源，在文化遗产的挖掘与保护上，也正因为如此而缺乏独特性与专有性。还有一部分，虽不见于典籍记载或史料中记载很少但却数量众多，事迹故事流传于口头，这些即是流传于民间的各类能人异士。这些人是土生土长的大兴名人，是大兴地域文化真正的承载者。

（二）地方名人

地方名人是指在当地各个历史时期，在某领域业绩突出、知名度高、对社会发展起较大作用的人物。名人的思想、言行对民众起着导向作用，名人文化是某一时期该地区人文素质的综合体现。名人创造的物质财富和精神财富构成当地文化的支柱，兼具了历史的传统性和现实的影响力。开发名人资源，打造区域名人文化品牌、合理利用名人效应可以促进地方经济的发展和文化的繁荣。

（三）地方名人的特点

地方名人一般在本村或本地区有一定影响。地方名人多是地方能人，一般具有一技或几技之长。举人秀才，瓦木工匠、种田能手都可以纳入这个范围。此外，一些与外村或外界交流或发生冲突取得胜利，为本村得过荣誉或利益的人，一般也属于地方名人的范畴。

（四）地方名人的作用

地方名人是一个家族、一个村落甚至一个地区的骄傲，是对外展示本村文化实力的资本。一个家族在某个时期出现有影响的人物则是本家族的荣耀，后人会将该人的事迹或人们对他的评价一代代传下去，对后人有教育意义。

二、大兴地方名人

（一）赵致元

西红门少林武会创始人赵致元，生于光绪元年（1875），祖籍河北省冀州小王庄。据传幼年师从少林游走和尚，得到了少林功夫真传，轻功极好，20多岁即以“通天炮”“翻身炮”“对面花锤”“贴身靠”等散打绝技成名。光绪二十年（1894）左右，跻身北京城最有名的“会友”镖局当镖师，闯荡江湖十几年，约在1910年落脚西红门。最初打短工，当泥瓦匠，被发现有功夫后在众人的推举下，立场授徒“三十六友”。1935~1937年，倡导成立健纲国术社，由他的得意门生刘玉贵为社长，教员有张文平、王凤林等人，把西红门的武术推向了高潮。当时，按年龄大小，分为6个班，日落时分，第一批是十来岁的孩子练，弯腰、踢腿、翻跟斗，严格按照“打戏子”的方法来练，讲究手眼身法步，精神气力功，练就扎实的基本功。第一批散场后第二批是年轻人练，最后是中壮年来练。每天晚上总有上百人前来习武。习武之风吹边全街，引来许多外门派的武术高手前来交流，丰富了本门武术的套路和拳种，如西洋拳、大洪拳、小长拳、梅花拳、罗汉拳、带手绵掌、六合刀、春秋刀法等外门功夫，破除了武林门派各自封闭的陋习，促进了民间武术的健康发展。

（二）清代武举张俊德

清代武举张俊德祖籍是河北省河间县张家庄村。他家祖上出身行武，堪称行武世家。老祖宗张子厚自幼跟随父亲学得一身好武功，20岁时在河间县衙内当一名捕快，后因看不惯县官的贪赃枉法行为，一气之下回家务农。不料，回家后连年遭受自然灾害，爹娘染瘟疫相继而死，张子厚父母双亡之后北上京南庞各庄，投靠堂兄张子福。

张子厚在堂兄的支持下，在庞各庄镇北头靠近天堂河西侧盖起了两间土坯房，以卖烧饼为生。因其勤奋、正直，经当地人出面，给他介绍了一个从山东随父母逃荒来庞各庄的王姓姑娘。一年后生一子取名张俊德。张俊德天赋聪明，从7岁起就跟父亲习武，加上他父亲武友的经常指点，几年后张俊德成为一个身怀绝技武功超群的英俊少年。清同治庚午年，京师开科选武举，张俊德以三绝技压群雄，深受皇帝赏识。

张俊德中举后，威名大震。俊德婚后生一子，取名兆雄。张俊德为人正直，见义勇为，亲朋好友凡有事相求者，皆有求必应。自从他中举以后，当地土匪尽皆收敛，从不轻易洗劫庞各庄镇。

当时的庞各庄镇，虽古称六达之庄，但因庄左侧的天堂河变化无常，一年四季最少有两季河水泛滥，人马车辆受阻乃为常事。张俊德遂于光绪八年（1882）捐资修建北大石桥，于光绪十六年（1890）再次倡导义举捐资，重建东来桥。在重建东来桥的碑文中云："张公有以行之武风，是赖之而兴焉。"

张俊德因与土匪结怨，被土匪用乱箭射死。

张俊德遇难之后至次年春，家属除张兆雄外皆纷纷回家。从此家业统由张俊德之子张兆雄及之妻郭氏掌管。张兆雄于1916年卒于北京。

（三）张林阁

张林阁祖籍大兴区半壁店乡魏庄村，清朝光绪年间武举人。精通十八般兵器，善骑射能百步穿杨及练耍大铁刀。平时练功夫有100斤、120斤、140斤不同规格的大铁刀和300斤、200斤、250斤掷石以及重量近百斤的砘葫芦等。

张林阁的祖父、父亲也是武举人，至他这一代共是三辈武举人，为当时的练武世家。有皇上钦赐靴子、顶戴、袍子等官服。每年逢皇上重要聚会或隆盛的庆典均唤其着官服进京。张林阁过世之时，按其生前遗嘱，将钦赐官服穿着整齐安葬。家族三代习武遗留下的大批拳械书籍及兵器，由于其后人不喜武术，又历经多次运动，这些宝贵的书籍和器物均已散失或销毁。

（四）崔德渊

崔德渊，号小泉。榆垡镇太子务村人，他自幼受家乡武术熏陶，加上天赋聪慧，身材高大，武艺特别高强，能把120斤的大刀耍得虎虎生风，因此得绰号"花刀崔"。于清朝光绪十一年（1885）乙酉科乡试中，他被推举参加武举考试，并一举中第，获第59名武举人。光绪皇帝亲赐他御匾一块，上书"武魁"，其匾至今被其后人保存完好。

据97岁高龄的老人刘得魁以及崔氏后人回忆，崔德渊虽身为武举人，有功名，但绝不吃村霸户，更不横行乡里，搜刮民财。他交友广泛，诚实而厚道，乡间尊为德高望重之人。

（五）张树楠

张树楠，字伯牙，生卒年为1879~1936年。今定福庄西黑垡村人。任永定河河务局长期间，曾获当时政府颁发的“嘉禾奖章”。

张树楠京兆法政学堂毕业后留校任教。后曾任永定河河务局长、石芦水利公会名誉会长、永济水利合作社理事、北洋政府参议院议员等职，晚年倡导并资助兴办宛平县教育事业。

（六）贾焕章

贾焕章原姓赵，固安县南大辛庄人，自幼为贾文彬抱养。13岁从父学医，深得要领，医术更为精湛。榆垡一男孩从树上摔下，锁骨折断，经其诊治，只敷用一帖“大药”，便愈合如初。东北四平市某夫妇俩，因骨科疾病进京就医，慕名而来，仅治疗两次便痊愈返乡。贾焕章的高超医术远近闻名，邻近市县及至全国各地慕名求医者络绎不绝。

（七）朱广达、贾万全

朱广达、贾万全，一个是朱家务村（今大兴区榆垡镇朱家务村）的曲艺艺人，一个是张家务（今大兴区榆垡镇张家务村）的落第书生。

清朝中叶时起，京畿地区民间就流行一种说唱形式的曲种——十不闲（或曰什不闲）。乾隆时人李声振的《百戏竹枝词》有云：“铙鼓钲锣备特悬，凤阳新唱几烟鬟。问渠若肯勤蚕织，何事夸人十不闲？”嘉庆年间《都门竹枝词》亦载：“某日某园演某班，红黄条子贴通阛。太平锣鼓滩黄调，更有三堂‘十不闲’。”贾万全、朱广达二人喜欢戏曲，他们将兴趣爱好与良好愿望相结合，在“十不闲”的基础上，吸收了民歌演唱曲调，改清音坐唱形式为戏曲表演形式，形成了一个新的剧种。他们编写的剧本按“调”分“联”，曲牌不一，句数不等，但每联都有固定的句数，每句都有固定的字数，唱词有长有短，韵脚协调动听，就像唱诗词曲赋一样。由于这些特点，并借助其前身“十不闲”的谐音，人们将这种新的曲种正式命名为“诗赋弦”。

京南永定河

第六章　大兴优秀传统文化的载体——记忆遗存

第一节 古镇

大兴区位于首都的南部，今日大兴的区域包含着历史上大兴的南部地区、宛平县的东部地区、古东安县的西部地区，是京城文化重要的辐射区。因独特的地理位置，大兴形成了几个具有深远历史的古镇，这些古镇大多坐

大兴区古镇位置图

落于通往南方各地的交通要道上，商贾云集，经济发达，是本地区经济、文化、教育的中心，不仅在历史上，即使今天仍发挥着重要的作用。大兴境内的古镇主要有青云店古镇、黄村古镇、庞各庄古镇、榆垡古镇、礼贤古镇。

一、礼贤古镇

（一）古镇历史

礼贤为大兴古镇之一。位于大兴区南部，镇政府驻此。相传春秋战国时期，燕昭王广纳天下贤士，在此建黄金台，建招贤馆，“以礼待天下士”，故有礼贤之名。民国《固安县志·名胜》载：“黄金台，旧志云在大兴东南，今名礼贤镇。”镇西北部“黄土高阜”上原建有辽代古刹寿峰寺，1946 年尚存八角形石经幢，上有辽道宗“大安六年四月内葬”字样，据此可知，礼贤在辽代时已成村落。

明、清为畿南名镇，属京都顺天府大兴县管辖。明初，大兴县设有“李（礼）贤社”，礼贤为首村，建有社学，廨宇有申明亭。清初，礼贤社辖附近 22 村，大兴县县丞亦驻于此。乾隆间设有巡检司。光绪年间已称镇，管辖 95 村。礼贤乃清代皇帝南巡必经之处，康熙四十一年（1702），康熙帝南巡回程中，曾驻礼贤。民国初年，礼贤镇先后为大兴县第五区、第三区公所驻地。

（二）礼贤庙会声名远播

礼贤三官庙、药王庙庙会声名远播，礼贤三官庙、药王庙因建在同一院内，故称三官、药王庙庙会。

药王庙据传建于明代，每年两次庙会，日期为旧历四月十五和九月十五。四月十五庙会会期 3 天，规模较小。九月十五庙会一般又称谷茬庙会，会期 4 天，规模影响较大，方圆百里都知道礼贤镇的九月十五庙会，成为当地传统节日。

庙会活动内容除一般宗教神事活动如上香、许愿、还愿等外，主要是文化娱乐、物资交流活动。一般从九月初一起，外地客商就开始用大车、骆驼往礼贤运货。庙会期间，三官、药王庙附近搭戏棚、茶棚、临时售货棚等，占地 200 余亩。镇内东西南北形成布匹、百货、玩具、土产、皮货、干鲜果品、小吃等 10 余条商业街，就连北京城里的瑞蚨祥等“八大祥”（布铺），也来此搭棚售货。文化娱乐活动除唱大戏（京剧、河北梆子、评戏等）外，还有马戏、武术、木偶戏、大鼓书、快板书、相声、拉洋片、魔术等。每日赶庙会的人达数万人次。

1937 年七七事变后，此庙会走向衰落，民国末期停止活动。

1980 年起，礼贤镇恢复农历九月十五传统庙会，庙会期间，开展戏剧演出、秧歌会演、书画比赛等文化活动，既继承了悠久的文化传统，又不断推陈出新，形成了独具特色的礼贤庙会。

（三）文化名片——大兴诗赋弦

“诗赋弦”是目前仅存于大兴区的一个地方民间小戏剧种。据《大兴县志》《固安文史选编》记载，诗赋弦的创始人为朱广达和贾万全，开山剧目为《老西儿换》。《中国戏曲志・河北卷》记载：清光绪初年，直隶宛平县朱家务村（今大兴区榆垡镇朱家务村）曲艺艺人贾万全和张家务（今大兴区榆垡镇张家务村）落第书生朱广达，两人喜好戏曲，为抵制社会盛行之“五毒”（吃、喝、嫖、赌、抽），集资购买了服装道具，编写剧本，改“十不闲”清音坐唱形式为戏曲表演形式，吸收民歌演唱曲调，并正式命名为“诗赋弦”，在朱家务村成立“诗赋弦同乐会”。

诗赋弦曾经产生上百个剧目，形成了自己独特的唱腔和表演体系，以它独特的地方民间特色，曾在北京的大兴、房山，河北省的固安、涿州等地产生广泛影响，深受当地百姓欢迎。随着时间的推移，诗赋弦从创始到兴盛，由兴盛继而衰落，展现了它坎坷的身世。诗赋弦作为民间非物质文化遗产，具有独特的审美、认知和历史价值。

礼贤镇西里河村的诗赋弦由榆垡镇传入，中华人民共和国成立后诗赋弦衰微，各地剧团解散，唯独在西里河村传承良好，在该村几乎人人会唱。该项目 2005 年进入北京市级非物质文化遗产代表性项目名录，是礼贤镇的一张文化名片。

二、采育古镇

（一）历史悠久的古镇

采育为古安次县采魏里。辽初曾置采魏院，明永乐五年（1407），于此设蕃育署，隶上林苑，《日下旧闻考》引《耳谭》："蕃育署首良牧、林衡、嘉蔬，所谓外光禄也，统于上林苑。署皇庄，不隶京府，乃胜国时沙漠也，永乐二年，移山东西民填之，有恒产、无恒赋，但以三畜为赋，计营五十八，旧有鹅鸭城。"《耳谭》所说永乐二年应为永乐五年。《明太宗实录》载："永乐五年己卯，命户部徙山西之平阳泽潞、山东之登莱府等府州民五千户隶，上林苑监牧养栽种，户给路费钞一百钞，口粮六斗。"《春明梦余录》记采育因古时名采魏里，明改蕃育署，"而人仍呼采育，合新旧而名之也"，并说"其地水木清华，最称胜境"。

清顺治二年（1645），采育置正蓝旗防守御 1 人，下有防御、骁骑校、领催、马甲等。清康熙二十三年（1684）设采育营和守备；雍正十年（1732），改设都司；清乾隆年间划属大兴县，设采育巡检司，时采育已有居民数千家，有"畿辅首镇"之称，乾隆三十六年（1771），乾隆帝巡视过采育，称其为"京南富庶村"；道光二十三年（1843）设把总。采育驻军多时，达 180 余人。

清末，采育巡检司管辖石州营等 34 村，并辖凤河营镇 16 村。光绪三十三年（1907），采育镇商会成立，是大兴县第一个商会组织。大兴县最早的当铺、钱庄亦在采育镇开业。民国时期，采育镇曾先后驻有国民党政权、日伪政权的区级政权机构。

2006 年 3 月 17 日，北京市人民政府正式批复（京政函 16 号），原北京大兴采育科技园设立为市级开发区，更名为北京采育经济开发区。2006 年 6 月 6 日，北京采育经济开发区通过国家发展和改革委员会审核，成为第六批达到审核要求的省级开发区之一。北京采育经济开发区位于北京市东南部，环渤海经济圈的核心地带，周边分布着北京、天津、沈阳、保定等中国汽车产业集聚区，通过京津塘高速公路和 104 国道，有效地将亦庄和天津两大国家级开发区相连接，是北京通往出海口最便捷的通道。

（二）古镇庙会　村民的节日

就采育地区来说，中华人民共和国成立前一年四季都有庙会。列举如下：

农历正月初八，老庙坑甲子殿祭星。当日，人们按自己的生辰八字、干支属相到这里对照星宿牌位祭祀、烧香、祷告。

正月十五，采育镇内有灯会，至少连续三天夜间挂灯，三里长街，两路红灯齐明，十分壮观；南辛店娘娘庙进香，有戏、有会，辐射通州、安次、大兴方圆五六十里，数千人前来赶庙会、看热闹。

二月初八，采育东门里文庙拜圣人。是日，先生、学生前来朝拜，毕恭毕敬地到牌位前作揖叩首焚香，以崇尊师敬学教育。

二月十九，是观音菩萨的生日，佛教信徒为纪念观音大士诞辰，在镇南端倒座观音寺前搭台唱戏、行会，方圆数十里数千人次前来朝拜赶会，前后三天，香烟缭绕，热闹非凡。

四月二十八，是药王爷生日，请戏班在东门外戏台唱戏。四方客商到此贩买卖夏收农具、夏季生活用品，赶庙、看戏买东西的人来人往，非常热闹。

五月十三，在采育北门里关帝庙，搭台唱戏三天。加集带庙，热闹非凡。

六月初六，凤河营的冰雹庙会。周围十里八乡的百姓到冰雹庙烧香祈祷，求冰雹神保佑，不要下雹子，秋后有个好收成。

六月二十四，“分龙兵”。集会地点在采育东门外，老百姓烧香上供，族长及乡间有威望的人代表众人许愿，祈求龙王下及时雨，别下过头雨，免水涝灾。

七月二十三，周围几十里七十二档会齐聚采育镇调会。分两路行进，一路从北门真武庙往南到十字街，出西门转南奔胡同口，进街往北出东门，等在药王庙外；另一路由南关进南门，出东鞑子胡同，经杨场吊子胡同到法华寺前等候，到药王庙进香。跳会的、进香的、赶庙会看热闹的，人山人海，从头一天调会，到二十三进香完毕。到药王庙进香的目的，是祈求药王爷治住虫灾、疾病，人保平安，五谷丰收。

九月初一到初三在采育东门外，加集带庙还唱戏。这时秋收秋种基本完成，粮食入囤，农活渐少，接闺女请女婿，赶集上庙看戏，卖粮食买东西的非常热闹。

十月十五，采育西门外灶君庙南搭戏台，商会凑钱去城里请戏班，还有沧州来的杂技团跑马戏的，商人到此卖柿子、核桃等山货，卖日用杂品摆摊的、拉洋片的、套圈的，还有很多沿着南北大道卖炸饼、火烧、豆腐脑、馄饨的商贩等，一连几天，十分热闹。

（三）山楂糕——采育特产

采育山楂糕是一种风味小吃，在北京市场上久负盛名。采育一带水清木华，物产丰富，有“外光禄寺”之称。据《大中华京兆地理志》记载：“采育为左安门东南大道上第一大镇，所产果品桃杏均多，山楂蜜糕制作尤佳。”

采育山楂糕过去由张记“富川斋”独家秘制经营，质量上乘，风味独特，十分有名。

采育山楂糕创始于明朝，始祖叫张世录。开始时自己做，挑担去卖。由于张家的山楂糕质量上乘，供不应求，大约清朝中叶（18世纪末）张氏传人张富川在旧采育镇十字街开了一个小门脸，字号叫“富川斋张家老铺”，但仍把原来的挑子放在门外，并且立了一块牌子，上面写着：“富川斋张家老铺，自制山楂蜜糕，花糕俱全，只此一家并无分号。”

富川斋的山楂糕，不仅色鲜味美，而且存放多日不变味，携带时车颠不流汤。富川斋张家老铺制作的山楂糕与市场上卖的不一样，里边不掺任何添加剂。张家有家传秘方，几百年从不示外人。除此之外，还采取了一些保密措施，制作工具只有一套，不许另行制作，配置原料比例的秤上没有秤星儿，外人根本看不明白。在家里制作时即使没有别人也要把窗帘拉上。另外，中华人民共和国成立前，不论到哪一家开业的时候，都要烧香祭祀祖先，纪念祖先创业的艰难。所有这些，使富川斋山楂糕几百年来能保持优良信誉，流传至今。

三、青云店古镇

（一）京南巨镇

青云店是京南一个大镇。辽代已形成村落，名青润店。元代有青润社之名，始见于《元一统志》。明初划归大兴县，为青润社首村，建有社学，设有急递铺。《明太祖实录》记，永乐元年（1403）十一月，“青润社”有急递铺（站）。本地区绝大多数人是从山西移民过来的，在青云店北头以及老观里以东各村，原来的老宅基地，都是两间半的地方，就是移民时平均分配住宅基地留下的痕迹。到了清代，康熙、乾隆南巡御道经此。清乾隆十八年（1753），易名青云店。清末以镇辖村，青云店驻把总，管辖大回城等47村。镇中主街道南北长1.5公里，建有真武庙、南庵庙、天齐庙、德云寺、文昌阁、关帝庙等庙宇多处，结构规置、气势宏伟。

青云镇史料

清嘉庆庚辰（1820），重修真武庙碑文记曰：“京都左安门苑南青润店，京南之巨镇也……”

光绪三年（1877），始立集市，每逢农历二、四、七、九日为青云店集日，延续至今。清末，京津官马大道经此。1911年成立商会。中华人民共和国成立前后，有大小商行、店铺65家，历代统治阶级在青云店设有地方行政机构。1949年3月至1954年6月，曾为大兴县委、县政府所在地。

（二）武术文化　源远流长

青去店镇的武术活动可前溯一百多年。青云店三村少林会创建于清末（1860）。刘天相是当时北京城六大镖局之首的德胜镖局老板，他少年时拜在一个老僧门下，学习少林派陆合门的功夫。镖局总镖师殷德奎与刘天相是挚友，也是青云店人，他所学的功夫是少林派三皇门，刘天相常与殷德奎切磋交流。刘天相大弟子赵鑫洲，河北廊坊人，与其雇用的镖师一起切磋武艺，又吸收了很多门派的武功。刘天相镖局解散后，他回到青云店，开始在青云店北头真武庙招收弟子传授武功。顾振芳就是其中一个，他生于 1880 年，卒于 1953 年，比较有名的弟子有马四、郭广仁、陈广信等人。

青云店武术以顾振芳弟子传授为主。其中授徒较多的是周文凤，生于 1900 年，卒于 1996 年，享年 96 岁。周文凤在传授武功期间曾多次参加天坛庙会，在北京市组织的武术比赛中也取得名次。周文凤去世后由大弟子吴克俭、吴德志、年晓鹏等继承武术传统。目前，武术班由三村三老武术师周文凤传承至今，原名少林会，后来逐渐变为大小洪拳，当时参加的人员有 60 余人，传承至今。

（三）青云店特产

青云店的大葱，在北京市内和远近郊非常有名。该镇的大葱种植具有悠久的历史，据七八十岁的老人讲，在他们小的时候，青云店镇的垡上营一带种植大葱就很有名。这里的大葱之所以出名，一是种植的面积大，大葱是该村的主要种植作物，村里的大部分土地都用来种植大葱；二是这里出产的大葱品质好，棵大、白高、葱味香浓纯正、辣中带甜。炒菜用来放在热油里自然炸开，分外芳香。当地农民有“大葱抹酱，越吃越胖”“烙饼卷大葱，吃的肚子鼓绷绷”的说法。

为进一步促进大葱的生产，1970 年，当地政府从山东章丘请来一位名叫王沛增的师傅指导大葱种植。在改良本地品种的同时，从山东引进了新品种“大梧桐”和“气沙风”。当年垡上营的大葱获得丰收，每棵重达两市斤，一般的一斤三四两。北京市组织各郊区县来参观。北京各大饭店纷纷来此定购大葱，青云店大葱从此出名。此后青云店大葱面积不断扩大，成为当地主要的经济作物。

四、榆垡古镇

（一）京南重镇

榆垡镇是大兴区建制镇之一，地处北京市的最南端，素有首都南大门之称。榆垡的称谓起自元代，因为当地榆树茂密而得名。属原宛平县管辖，一直是“宛平八大重镇之一”。《元一统志》记载，榆垡在元大德年间，称作榆垡店。

榆垡镇地处永定河北，为重要集镇，因地近永定河，历史上常遭水患。清代设永定河道督理治河事宜，沿河建有护堤兵站。清嘉庆元年（1796），榆垡设汛铺，并有把总驻此。清道光三年（1823），榆垡一带水灾严重，曾于榆垡设粥厂赈济灾民。清光绪二十六年（1900），义和团在榆垡等10余村设坛。民国年间，为宛平县第八区公所驻地。

镇域辖村有元代无碍禅师塔、清恭勤夫人谢氏墓、清求贤坝遗址、清查氏故里、清十里铺津渡、永定河事宜碑等多处文物古迹。1988年春，北京市政府组织全民义务植树，在镇东南营造万亩林区，占地11507.9亩。1989年，邓颖超同志亲笔题名“榆垡万亩林”。“北京濒危动物驯养繁殖中心”就建在园内。

（二）地方文化

榆垡镇位于永定河北岸，十里铺渡口是南方各省进出京城的要道。这里位于北京市与河北省的交汇处，镇域内的一些村庄曾经属于河北省廊坊市固安县管辖，故这一地区的民俗民情、历史文化与河北省中部地区有着千丝万缕的联系。榆垡境内的一些民间花会大多参加过固安、涿州等地的庙会活动，上述地区的花会队伍也常跨过永定河来大兴地区参加庙会活动。

这一地区的花会主要是吵子会、高跷会、小车会、少林会、狮子会等，在各种花会中吵子会数量最多。据调查，在大兴南部地区以及河北省北部的固安、涿州等县市，吵子会的数量远远高于其他花会。这些花会大多创建时间大多为清中后期，少部分产生于清前期。20世纪初至抗日战争爆发前，是本地区民间花会的繁荣时期。这一时期，社会相对稳定，农民生活相对富裕，由于统治了几百年的清政权被推翻，政治环境较为宽松。“五四”以来形成的反帝反封建新的思潮尚未在广大农村产生大的影响，在这种环境下，各地区的庙会活动十分繁荣，庙会的繁荣在一定程度上促进了花会组织的产生与发展。

（三）武吵子享誉京南

武吵子主要分布于大兴区南部以榆垡镇太子务村为中心的30余个村。太子务村位于榆垡镇东部，是镇内最古老的村庄之一。该村起源于元代，明清年间以开镖局和农田耕作为主。地域辽阔，人口稀少，民风淳朴彪悍，村内的武吵子也是在这一时期形成的，它集武术、文吵子和大秧歌于一体，是融健身、娱乐、护村为一体的群众性活动。该项目是北京地区重要的民间舞蹈形式之一，于2014年进入国家级非物质文化遗产代表性项目名录。

五、黄村古镇

（一）京南福地

历史上的黄村，曾是古驿道上的驿站之一，到明清时期，逐渐发展成为京南重镇。黄村之名最早见于明代《北平图经志书》。据《顺天府志》载：永乐时大兴县“乡社”中就有黄村社，黄村为首村，建有社学。后于此设黄村铺。清初扩建皇家园囿南海子，增辟五门中即有黄村门。乾隆二十五年（1760），黄村建常平仓，仓储额谷二万九十五石六斗五合（同治《畿辅通志》）。清乾隆二十九年（1764）设黄村巡检司，黄村遂成为京南重镇，时有火神庙、关帝庙、观音寺、三官庙等庙宇多处，黄村老街有裕隆号、广顺德、太和店等10余家商号，市肆繁华，商旅络绎不绝，被誉为“京南福地”。

清光绪年间，以镇辖村，黄村巡检司管辖三间房等38个村。光绪年间（1893~1908），津卢铁路（即京津铁路）建成，黄村设火车站。1900年，大兴地区义和团曾在黄村火车站与清军激战。1930年8月，成立黄村党支部，是大兴县第一个中国共产党支部，平杰三同志任党支部书记，党支部直属中共北平市委领导。

1976年，北京市人民政府决定把黄村镇作为优先发展首都卫星城之一，拉开了黄村卫星城的建设序幕。1984年3月3日，北京市人民政府下发了批准《黄村卫星城总体规划方案》的通知，进一步加快了黄村卫星城的建设步伐。到1990年，黄村卫星城已初具规模。2001年1月9日，经国务院批准，大兴撤县设区。黄村镇由原黄村镇、芦城乡、孙村乡组建而成。

（二）风味小吃　白水羊头

白水羊头是北京的一道著名风味小吃，因羊头用清水煮熟后白净、透亮而得名。白水羊头一直是一种深受人们喜爱的时令佳品，正宗产地是黄村镇李营村。

李营村李姓居多。据说，明末李自成部下李明兆在此驻扎，后部分人定居于此，遂成村。村民多陕西人，喜欢吃羊肉，白水羊头为其传统吃法，300多年来村民们利用冬闲时节进城做小买卖，加工制作白水羊头出售，逐渐成为一种地方风味小吃。“燕京十月冷朔风，羊头上市味无穷。盐花撒得飞如雪，薄薄切成与纸同。”这是《燕京小食品杂咏》中对白水羊头的赞美诗。到20世纪30年代，北京十几家羊头肉制作作坊中，半数以上是李营村人在经营，其中以米市大街的“东永兴号”和虎坊桥蜡烛巷的“南顺号”最负盛名。

据白水羊头老字号“南顺号”后人李庆堂介绍，经营白水羊头利润很小，其主要经营方式是：掌柜统一购买羊头回来后按原价分给伙计，伙计们分头整理羊头，整理好了由掌柜的统一煮，煮熟后再由伙计拿着自己的那份到街上去卖。掌柜的赚取羊毛、羊骨和羊油。伙计们上街卖羊头时用的柜子为椭圆形，两边有带儿，上边儿有盖儿，是活儿盖，可以当案板用。案板有二尺多长，有人要买羊头肉时，把案板往柜子上一横。刀在柜子里插着，柜子里有放肉的匣子，分别放着羊头肉、脸子、信子（羊舌头），还有羊脑、蹄筋、羊蹄等。羊头脸论块卖，一个羊头分四块，从中间一劈四块，用刀一拉，脸子、信子大小分得十分均匀。顾客选择哪块，给拿哪块。拿出来把肉放在案板上给顾客切。切的刀口很关键，要斜着切，切的又薄又大，切完了，牛角里装上椒盐，把椒盐均匀地撒在肉上，给顾客包好。顾客要是自己吃，就用纸包好，要是去送礼就用荷叶包好，白水羊头的主要特点是：无膻味，不油腻，白亮筋道。

六、西红门古镇

（一）西红门因南海子而得名

西红门的成村，可上溯到唐代，至今有千年历史。早期曾名西綦村、千户屯，元代是“下马飞放泊”的狩猎区，至明永乐年间起为皇家猎苑“南海子”的西门，故而得名。

南北走向的京开、京良两条国家干道与镇内四纵四横自建道路构成了四通八达的交通网，优越的地理位置使西红门镇成为京南地区重要交通枢纽。2001 年，大兴区撤县设区，合乡并镇，西红门镇与金星乡合并，整合现有资源，充分发挥区位优势。经过几年发展，西红门镇确立了全新的产业发展格局。全镇共有企业 1700 余家，涉及影视器材、包装印刷、建筑材料、家居装修、汽车维修等几十个行业门类。1998 年，被市政府命名为，“强乡、强镇”，1999 年，被国务院体改办小城镇中心命名为“国家级综合改革试点镇”，2002 年 4 月，又被联合国开发计划署确定为“中国可持续发展小城镇试点”。

（二）美味萝卜　美丽传说

西红门萝卜是大兴的特产，这一地区所产的萝卜品种为“心里美”脆萝卜。绿皮红心，肉质脆，水分多，味儿甜，有抗病、耐储存的特点。一般播种时间为初秋，采收时间为入冬前。冬春两季供应市场。西红门地区为沙质土壤，适应萝卜生长，尤其以陆通明家萝卜最为著名。他家的萝卜以皮薄、肉嫩、甜美酥脆，赢得人们的喜爱。1935 年，北平市市长袁良曾为该村的陆通明亲送牌匾一块，长约六尺，宽约二尺五寸，上额题写“奖给陆通明”中间贴大红纸，上书“一乡善士”四字。下署“北平市市长袁良”。此匾至今仍由陆家后代保存，木框刻有花纹，现仍清晰可见，中间红纸大字因年代久远已模糊不能辨认。陆家为表示谢意，每年在萝卜收获后都要为其送去一些。送时如时间太早或太晚，城门未开，只要说一声是西红门送萝卜的就会有人开门。因此，当地有“西红门萝卜叫城门”一说。

七、庞各庄古镇

（一）六达之庄

庞各庄辽代名曰庞村。明初称：庞哥庄，后改庞家庄、庞各庄。明清时属宛平县，为宛平县八镇之一，设巡检司。雍正十三年（1735）至乾隆四年（1739），顺天府南路同知署曾驻此，设有书院。乾隆年间，庞各庄等28个村建义仓3间，南行驿道于此设庞各庄铺。清末称镇，庞各庄镇巡检司管辖里河等9村。建有普宁寺、关帝庙、天仙庙、严佑宫、娘娘庙等多座庙宇。清末民初，市肆繁华，店铺林立，交通便利，人称“六达之庄”。全镇面积109.3平方公里，耕地4643.47公顷。全镇常住人口4.2万人，其中农业人口3.59万人，辖53个自然村。1996年，该镇被国家建设部列为“建设部小城镇建设试点镇”。1997年，被北京市政府批准为“北京市小城镇建设试点镇”。2004年，被国家环境保护总局（现为中华人民共和国环境保护部）评为“全国环境优美小城镇”。

（二）南路烧百年留香

大兴地区的酿酒渊源，有据可考的历史可以追溯到800年以前的金代，那时大兴地区的酿酒业就已十分发达，境内的广阳镇（今庞各庄一带）设有专职管理商酒的官员。清代，大兴地区的酿酒烧锅遍布各个集镇。这些烧锅之所以被统称为“南路烧”。

酿酒业历来为国家掌控，尽管生产厂家形形色色，但是被南路同知收上来后，再打上“南路烧”的印记发往各个销售网点。在这样的环境下，大浪淘沙，逐渐失去了一些生产厂家，也逐渐涌现出一些在老百姓心目中信誉较高的烧酒作坊，经过几十年、甚至上百年的岁月淘洗，留下的一批老字号烧锅有庞各庄镇的隆兴号、北裕丰、南裕丰、永和号，青云店镇的德兴勇、大德兴，采育镇的同溢泉、同泉茂、源盛茂、万泉生、纯益泉、益源湧等。

隆兴号是这些烧锅里的佼佼者，是南路烧的代表。

同治八年（1869），山东人寇文达从老家出来，一路奔着京城而来，并寻找落脚之处。当他来到庞各庄以后，见到这里烧锅酒坊较多，正好自己又有这方面的技艺，于是在庞各庄北栅栏里路东，创建了隆兴号烧锅。

后来，寇文达的公子寇景春（1890~1963）做了掌柜，继承和发扬了家族酿酒技艺，并在传统的酿制基础之上，采用谷糠逐渐替代稻壳等作为辅料进行清蒸，有效地改善了隆兴号烧酒的辛辣感。

（三）庞各庄西瓜——大兴农产品的骄傲

大兴地处永定河冲积平原，大部分地区是沙质土壤，非常适合种植西瓜。大兴种植西瓜的历史可以上溯到秦汉时期，以皮薄、沙瓤、甜度高著称，明清时期一度作为贡品供皇室享用。据元代熊梦祥著《析津志》记载："瓜进上者甚大，人只负二枚，又有小者，西山所产亦佳。"旧时之西瓜，向有南路、北路之分，南路西瓜非大兴庞各庄西瓜莫属。又据明万历二十一年（1543）宛平县令沈榜编著的《宛属杂记》中，又有"农历六月宛平县为太庙荐新瓜十五个"的记载。当时宛平以庞各庄所产西瓜最为著名，庞各庄原属宛平，后划归大兴。

大兴区西瓜的主要产地集中在永定河东侧、北臧村乡天宫院村以南，以庞各庄为代表的10个乡镇。大兴西瓜之所以著名，得益于其得天独厚的自然条件和千百年来形成的种植技术。种植技术是一代一代的瓜农在生产实践中逐步总结出来的，有很高的技术价值。

第二节
聚落成村　乡音悠远

一、大兴境内古村情况

（一）辽金时期村落情况

辽金时期，现大兴辖区已经散落着不少村庄。据文献、碑石记载及出土文物考证，计有张华村（东、西、南、康张华）、閰城（东西芦城）、回城（大、东回城）、黄各庄、采魏里（采育）、邵家庄（邵各庄）、凤凰村（凤河营）、贺北店（贺北）、求贤村、河南（贺南）、院南（苑南）、史家庄（天宫院）、西綦村、丁村、梨园庄（东西梨园）、黄村、礼贤、东綦村（高米店）、何各庄（海子角）、青闰店（青云店）、栗垡（立垡）、大谷店、梁家务等。

（二）元代村落情况

元代，已有高家庄（东、西、北高各庄）、魏家庄（魏各庄）、皮家庄（皮各庄）、桑垡（桑马房）、里河村（履磕村）、北臧村、榆垡店（榆垡）、黄垡、东庄营、太子务、梁各庄（东西梁各庄）、张寨务（张家务）、南各庄、朱家务、胡林店（东西胡林）、曹村、卢家垡（东西芦垡）、枣林庄（东西枣林）、磁家庄（东西磁各庄）、义堂（东、西、南义堂）、大狼垡、华各庄（南北化各庄）、田各庄（南北田各庄）等村庄。

（三）明代村落情况

明初，大兴地区村庄有着很大的发展。《明太祖实录》载，洪武四

与大兴地名有关的相关书籍

年（1371）自山后向北平移民置屯，其中大兴县49屯，5745户；宛平县40屯，6166户。（永乐）《顺天府志》载，洪武二年（1369）大兴县初报2993户，洪武八年（1375）实10249户，户数剧增，村庄自然相应发展。《明太宗实录》载，永乐五年（1407）五月，“徙山西之平阳泽潞、山东之蓬莱府”等九州民5000户隶上林苑监，牧养栽种。由于大量移民，仅蕃育署（今采育）一带即“建营五十八”。明万历年间，《顺天府志》载，大兴县户口“在一万五千一百六十三户”，较洪武八年有较大增加。由此可推断，村庄数量又有较大发展，或增新村，或原有村庄分为东西、前后、大小等二村。

据《宛署杂记》载，纪百户庄（大庄）以南村庄，除前面提到的以外，尚有囤垡村（南北顿垡）、窑子头（钥匙头）、董哥庄（董各庄）、张哥庄（张各庄，1981年改张新庄）、宋哥庄（宋各庄）、薛家庄（薛营）、孙哥庄（孙各庄）、贾河村（东西郏河）、公各庄、中堡村（东西中堡）、北茨榆村（幸福村）、瓮哥庄（东西瓮各庄）、赵村、曹哥庄（前、北曹各庄）、石垡村、张姑垡（张公垡）、西黑垡、刘世庄（留士庄）、麻哥庄（东西麻各庄）等。

（四）清代村落情况

清初，康熙《大兴县志·里社考》载，全县有125个村庄。计礼贤社有礼贤村、马各庄、赵各庄、河北头、祁各庄、龙头村、平地村、段家甫（东西段家务）、西大渠、东大渠、李各庄、小马房（小马坊）、同家甫（佟家务）、王家庄、小刘各庄、西里河、东佃子（佃子）、内官庄、紫各庄、田家营、前新房（前辛房）、石纣村（石柱子）；大狼屯社有西白家滩（西白疃）、后羊各庄（后杨各庄）、卢各庄（东西芦各庄）、吴各庄（伍各庄）、新各庵（辛家安）、克拉垡（加禄垡）、后新庄（后辛房）、荆家甫（荆家务）、红日庄（洪士庄）、潘家马房；大狼社有东白家滩（东白疃）、大狼垡、李家巷、羊各庄（前杨各庄）、魏家庄（魏庄）、北顿垡、沙窝村（东西沙窝）、半壁店、南顿垡、贾家村；枣林社有狼各庄、东枣林、西枣林、陈各庄、西庄、四各庄、李家渠（南北李渠）；公田社有南田各庄、北田各庄、岳家甫（岳家务）、北盐垡（北研垡）、南盐垡（东南研垡与西南研垡）、刘各庄（大刘各庄）、河南新庄（河南辛庄）、河北新庄（河北辛庄）、魏善庄、苑上村（前后苑上）；青闰社有青闰店（青云店）、魏各庄（东店）、小谷家店（小谷店）、羊各庄（杨各庄）、小林庄（堡林庄）、崔家庄、大小回城、垡头（垡上）、尚庄；卢家垡社有卢家垡（东西芦垡）、孙家村（孙村）、铁匠营、桂家村（桂村）、侯家庄（侯村）、薄家庄（薄村）、韩家村（韩村）；曹村社有曹村、李各庄屯、河钞（河套）、高庄、老瓜里（老观里）、大屯（东、西、中大屯）；磁各庄社有王各庄、大张本庄、小张本庄、东磁各庄、泥秋营（泥营）、于家疃、小铺头、寺儿上（寺上）、枣林儿（枣林村）、郭家上坡（郭上坡）。由此，奠定大兴中部、东部、南部村落基础。

康熙年间，疏治永定河培修大堤，沿堤设汛铺而后形成村落，计有韩家铺、高家铺（现名高家堡）、鲍家铺、刘家铺、家铺、孔家铺等，形成大兴西部边缘村落。乾隆年间，原东安县沿凤河两岸，采育、长子营、大皮营、凤河营、朱庄一带数十村划入大兴，从而奠定大兴东南部村落基础。

光绪年间，据《光绪顺天府志》载，大兴县共有258村，较清初增加一倍多。至光绪二十八年（1902），南苑督办垦务局奉旨拟定闲旷地亩招佃垦荒章程。自此，太监、官绅、富商、旗民等纷纷承佃土地，雇工垦田，建立庄园。富家庄、富源庄、西广德庄、头号村、下十号村、吉庆堂、济德堂、隆盛庄、志善庄、盛庄子（后改名天恩庄）、吉程庄（后改名小白楼）、藕合庄、俊德庄（后改名大粮台）、千顷堂、三余庄、五号村（后改名西五号）、怡乐庄、四合庄、笃庆堂等村庄相继建成。同时，早有苑户、海户居住的聚落有旧宫、团河、庑殿、鹿圈、屈庄等。

（五）民国时期村落情况

民国初年，南苑内不少庄园转归军阀显宦之手，并随之易名。当时海子地区各村多数居民很少。《大中华京兆地理志》载，过百户者，只有西红门、营市街（今南苑镇，属丰台区）、鹿圈、旧宫、庑殿、南场、团河、大有庄8村，屈庄、肖庄、南大红门等一些村庄为十余户至数十户不等，不足 10 户甚至仅一二户者有双桥、西五号、毓顺庄、四合村、下十号、安佑庙、合义庄等村。民国后期，南海子一带形成大小自然村 80 余个，奠定大兴北部红星地区村落基础。

二、大兴村落的基本特征

（一）无庙不成村

大兴的村庄虽然历史悠久，但建筑无明显特色，村内最好的建筑为寺庙，稍大一点儿的村子都有寺庙，当地有“无庙不成村”之说。寺庙以观音寺或关公庙为多，五道庙几乎每村都有，村里有人故去，死者亲属要到这里来报庙。这里也是开展各种集会议事的场所，有的村定期还有庙会，举办庙会时附近村民多来此地，烧香还愿，或进行物资交流。这些寺庙清末多改为学校，村政权也多设立于此。

（二）村内的街道

每个村多有一条或几条街道，南北方向的居多，也有南北街，各别村的街道随河流地势、公路而建，一些商铺多在主要街道设立。

（三）村内的民房

村内的民房除个别富户之外大多很简单，早期为土坯房，后来为四角是砖的“四角硬”，再后来为外边是砖、里边是土坯的，20 世纪 70 年代以后逐步出现了里外是砖的房。

在大兴农村，建房是人一辈子的大事，尽管贫穷，但还是有许多讲究，特别是要注意邻里关系，一起住着父一辈子一辈的，尽量别闹矛盾，在高度、跨度上要与左右邻居保持一致。

三、大兴有代表性的古村

（一）西芦城

西芦城位于大兴西北部，东临东芦城，西近鹅房。村旧时称“闾城”，

芦城古迹

后音转而成此名。明《北平图经志书》载：“闾城，而莫知置废之由。其南门外有二石兽。”闾又读胪，胪与芦相同，故芦城由闾城音转而成。民国时分二村，此村居西，故名。该村为汉代闾城，在城南三十五里，故相传呼为闾城。现东芦城小学门前有两个石狮子，它们是20世纪60年代从村南废墟中移来的。两个石狮青石带座，通高1.3米，分别于胸前背后有幼狮，姿态奇异生动，风格粗犷古朴，应为金元所制。《顺天府志》对闾城还有“其南门外还有二石兽”的记述，从年代上看是吻合的。

闾城遗址现在看不出一点痕迹，但东西芦城偏北地区地势突高，过去有四所古刹都集中于此，可能是古闾城的城区。村西一里多的地方，还有一处古墓区。中华人民共和国成立以后，在此方圆600平方米的地区内，群众烧砖、取土发现了不少小型汉代砖室墓，出土了一些陶器，此汉墓区与闾城当属一个时期。

（二）凤河营村

凤河营村位于大兴东南部，为原凤河营乡政府所在地。东临河北廊坊市郊域界，北靠凤河，南侧亦邻廊坊地界，因凤河流经村北，村名由此而来。辽代已成村，明代时曾名凤凰营，清康熙时隶属京都顺天府安次县，雍正年间更名凤窝营，乾隆时因疏通治理后，凤河流经村北，更名凤河营村。明代村中曾建有显应寺，清人曾重修，今庙已不在。

（三）石佛寺

石佛寺位于大兴南部，东南邻南各庄，东北与贾家屯毗邻，以寺得名。此地元代已成村，清光绪《顺天府志》载：“康熙年间河水涨，溢漂流石佛像九尊止于是村，众异之，村殿祀焉，累著灵迹。今佛像每逢阴雨，则通身皆解润。若遍体如汗滴，则天必大雨。”村民故以石佛寺为村名。到1949年，寺已破坏不堪，仅存佛像人尊，其中观音为坐像，下带莲花座。其余为站像，下带石座，均为汉白玉石质，并有高座残端石碑一座，后来村里平整土地时，石佛碑已被埋入地下。

（四）西张华

西张华位于大兴南部。东临东张华，西邻榆垡镇。此村晋时建村，为西晋广武侯张华故里，村因人而得名。明朝此村名为张贤里，后频遭水患，再后建四村，此村为北张华。1958年改为现名。张华故居历经沧桑，早无踪迹。据《帝京景物略》记载：“固安县东北八里张华村头，村人指井栏八角焉，曰故宅处也。”1982年，该村发现此八角井，井栏为汉白玉质，八角形。内经边缘经多年绳索摩擦，光滑圆润，刻有绳痕多道，深者达1厘米。经鉴定确系张华故里之珍贵遗物，现已移至区文物管理局所保存。

（五）求贤村

求贤村位于大兴区南部，东南临西胡林，西南近榆垡，因祠而得名。辽代已成村落，为避浑河（永定河）水患，村内建祠祭祀圣观庇佑，得名求贤岗，后改为今名。此村处于古永定河冲积平原。据《永定河志》记载：“簸箕口外原为古河故道。”

康熙二十七年（1678），疏浚河道时，挑直筑堤，此河故道废于堤外。乾隆四年（1739），在孤岛与大堤衔接处建草坝，泄入古河道，以减弱水势，保护大堤，草坝起到了溢洪作用。乾隆三十七年（1772），废草坝改成灰坝，因临求贤村，故名“求贤坝”。现坝址为清同治年间扩建重建后的坝址，光绪年间重修。立有两块碑，一块短缺内容不详，另一为同治重修时所立“重修求贤坝”碑。碑文字完整，记录了该坝工程的数据及所需银两等，是永定河史的重要实物资料。

第三节 栉风沐雨　通达八方

一、大兴境内古道

（一）御道

据《大兴县志》载，清朝皇帝“南巡御道东线，出永定门，过南苑（出南大红门），至青云店往东南行。经李家铺（今李堡）入东安县（安次县），至霸县行宫与西线合。”又“清南巡御道西线有两条：其一，出永定门，过南苑，至青云店，经礼贤、胡林店，过永定河十里铺渡口入固安县；其二，自北京往南，经南苑、黄村、庞各庄、榆垡、胡林店、过十里铺渡口至固安”。

（二）驿道

据《大兴县志》载：“战国时期，燕都蓟城至易县的邮驿大道，穿越大兴地区。明永乐年间，由京城通往南方的驿道经过县内曹村、青云店等村镇并设急递铺。清代，自北京经大兴南行御道有两条。其中，东部一条经曹村铺、青云店铺、李家铺（今李堡）至东安驿道；西部一条经西红门铺、黄村铺、天宫院铺、庞各庄铺、榆垡铺、十里铺入固安驿道。”

（三）官马大道

据《大兴县志》记载，自明初始，历明清两朝，在驿道、御道基础上形成“官马大道”。经大兴境内的有两条：第一条，由北京至天津，称京津官马大道。原由北京左安门至小红门，绕南苑东墙外到马桥，再由马桥向东南，入大兴县境，经长子营、采育、凤河营出境至天津。清光绪二十六年（1900），南苑禁地被打破，改由永定门起，经大红门，穿越南苑至青云店、采育，自凤河营出境至天津。第二条，由北京至应天府（南京），称京南官马大道。境内行经路线，即清西部驿道路线。

二、铁路

（一）铁路

清末，西方科技文化传入中国，其中修铁路就是重要的“洋务”之一。京奉铁路是中国于清朝末年修建的一条铁路，起自北京市内天安门广场东南侧的京奉铁路正阳门东站，终至辽宁省的沈阳市站（竣工后更名为辽宁总站），全长约 862 千米。京奉铁路上最早建成的路段是 1881 年建成通车的唐胥路（唐山至胥各庄），这一段铁路最早于 1877 年开始修建，最初以骡马作为牵引动力。1888 年 8 月底延长至天津东站，本有延长至通州的计划，因清政府顽固势力的阻挠最终搁置，后经过廊坊、丰台延长至北京。1897 年后由关内外铁路总局管辖。

1912 年，中华民国成立后，京奉铁路改称北宁铁路，由北洋政府交通部管辖。

1928 年 6 月 15 日，南京国民政府宣布完成北伐，并将北京改名北平，北宁铁路也改称平奉铁路。

1937 年至 1945 年，属华北交通株式会社北京铁路局管辖。

1946 年至 1949 年 10 月前属平津区铁路管理局管辖。

中华人民共和国成立后，收归中华人民共和国铁道部管辖。

2013 年，由中国铁路北京局集团有限公司北京车务段管辖。

2019 年，关内外铁路（京奉铁路）入选“中国工业遗产保护名录（第二批）”。目前安定火车站仍在使用，由中国铁路北京局集团有限公司北京车务段管辖。

清光绪二十一年（1895），设立安定火车站。安定火车站始建于清朝末年，不仅见证了我国第一条铁路修建和发展的历程，也是重要的工业遗产组成部分，具有重要的文物价值。

（二）火车站

该条铁路在今大兴区内设有黄土坡、黄村、魏善庄、安定 4 个车站。安定火车站始建于清光绪二十一年（1895），是京奉铁路北京段的四等站，在京奉铁路北京段修建之初设立。魏善庄火车站，1928 年建立，位于大兴区魏善庄村。黄土坡火车站位于大兴区黄村镇，1928 年启用。这四座火车站从启用至今，已有百年历史，对地方经济、地方文化的发展起到了巨大的推动作用。安定车站村、魏善庄车站村因车站而设立，黄村火车站现在是本地区的交通枢纽。地铁四号线、新机场线、雄安新区线均在此设站。

魏善庄火车站

安定火车站

悠悠古道，记录着时代车轮滚动的喧嚣，烙刻着社会历史变革的印记，承载着本地区文化的重要内涵。随着时代的发展，人们开始逐渐认识、了解古道文化。古道遗存、遗迹逐步被发现，优美的自然环境、典型的地质风貌和丰厚的文化内涵，使古道具备了较高的自然和人文旅游开发价值。保护与开发古道旅游资源，对带动区域经济和旅游业发展具有极大的意义。

第七章　大兴优秀传统文化的载体——传统花会

第一节
底蕴深厚　特色显著

一、大兴民间花会的基本情况

（一）大兴民俗文化的地理分布

大兴历史悠久，文化积淀深厚，民间花会种类繁多，有从外地传入的，也有本地的“土产”。它与境内地域风情、经济发展和人民的生活方式密切相关，是这一地区人民生活的重要组成部分。

大兴的民俗文化城乡分别较大。历史上的大兴自明清以来为依郭京县，北部地区深受京城文化影响，南部地区即今京开路以东至104国道附近向南至永定河北岸狭长地带为传统村落文化。今日大兴的南部由三部分组成，自西向东依次为：第一部分为永定河左堤至京开路以西部分为原宛平县管辖，南部永定河北岸一带26个村为原河北省固安县管辖，第二部分为原大兴县辖区的南部地区，第三部分为青云店镇一部、采育镇一部以及长子营镇大部为原河北省东安县辖区。

（二）大兴民间花会的分布

大兴的民间花会主要集中于中南部地区，这一地区尽管曾有不同的归属，但区域内的居民大部分是山西移民的后裔，历经数百年的风雨沧桑，在生活习惯、风土人情等方面依然保持着原居住地区的风貌。特别是民间信仰方面，这里更是传承着原居住地区民间信仰中的神灵，传统的佛教、道教、儒家文化在这里也有着广泛的影响。

大兴的民间花会呈块状分布，即在中部和南部地区主要是高跷会和吵子会。这一地区的民间花会活动始于何时，还没有找到可靠的资料，尚待进一步研究。但据《大兴县志》和部分村庄的一些会谱记载以及老一辈代代相传资料，清代乾隆、道光年间，民间花会活动十分活跃，一些花会至今还保存着明清时期的乐谱、会员明细账目等文书档案，这也从一个侧面说明了该地区花会活动的普及程度。

武吵子

东部地区即采育镇、青云店镇、长子营镇一带地区，民间音乐比较盛行。这一地区被河北省廊坊市环抱，地域内民间文化丰富多彩，地方信仰和礼俗传统也充满特色，在这片土地上曾衍生出许多以佛、道音乐为基础的具有地方特色的民间音乐会。大兴的长子营镇白庙村音乐会广义地讲也应该包括在这个文化圈的辐射范围内。

（三）大兴历史上的民间花会

历史上流行于大兴的花会有歌舞、乐器、武术、杂技等。表演形式有文吵子、武吵子、小车会、高跷会、秧歌队等 24 种。每种表演的名称均冠以会字。各种花会以村为单位，自发组织，一个组织为一档，一般是一村一档，有的村同时有几档。

大兴的民间花会以清代为最兴盛，多在节日庙会上进行表演。每逢皇家盛典，京城里还有走皇会活动。下黎城的杠箱会参加走皇会表演，曾受赐有黄龙盖、黄褂和乌纱帽。沁水营叉子会在参加慈禧 66 岁寿诞庆典活动时，名列各档花会之首。抗日战争期间，花会活动陷于停顿。1953 年至 1959 年逐步恢复，全县有花会 21 种 108 档。“文革”期间，这些花会队又

太子务武吵子服装箱

停止了大部分活动，20 世纪 80 年代后各花会队相继成立，大秧歌兴盛于城镇乡村。

二、大兴民间花会与京城花会

（一）花会溯源

民间花会是一种源远流长的传统民俗活动。早自汉代即有之，彼时称作“百戏”，宋元时称“社火”，与宗教结合在一起源于元代佛教的“行像大会”，清代达到鼎盛时期。

花会属于民间组织，清代以来，由于满族统治阶级及八旗庶民皆迷信神佛，从而使民间诸般花会披上了一层浓厚的佛教色彩。尤其进入晚清后，由于慈禧太后的赏识与推崇，京城内外的民间花会组织不断扩大，种类逐年增加，技艺日臻高超，影响日趋深远。

（二）大兴明见花会属于武会范畴

花会有“文会”和“武会”之分。老北京的民间花会，旧时被称为“香会”，分为文会和武会两大类。文会又分“坐棚”和“行香”两种，是为寺庙、香会、香客及游人义务服务的民间组织，所以又称“善会”。如粥茶老会、清茶圣会、掸尘老会、缝绽老会等，有几百种之多。武会主要是在庙会、节庆时献艺表演。武会的表演特点是集歌舞、戏剧、武术、杂技、曲艺、音乐和各种民间技艺于一体，极具娱乐性和观赏性，是最受老百姓喜爱的群众性活动。按此划分，大兴的花会应属于武会范围。但在大兴的花会组织中没有文会和武会的概念，而且大兴的花会与城里的花会组织之间几乎没有交流，大部分也不去妙峰山走会。其组织形式也与市区内的所谓内八会、外八会有着诸多的不同。

三、大兴民间花会的区域特色

（一）种类繁多，村落各异

大兴地处京畿，为京津冀文化辐射区域，同时也是外来花会传播的必经之地。因此，大兴的民间花会种类繁多，可以说是村村有会，许多村落还会出现多种花会集于一村的盛况。

（二）同类花会，在某一地区相对集中

大兴的南部地区礼贤、榆垡、庞各庄等镇为吵子会、高跷会的聚集区。

东部的采育、青云店、长子营等镇为传统音乐的聚集区。

北部地区受南城文化影响技艺类如武术、杂技类的花会较多。

（三）历史厚重，内涵丰富

对于花会的兴起及其表演内容的渊源，受当地流传的传说故事以及村民的文化自觉影响，体现出厚重的历史感和丰富的内涵。比如小车会、高跷会等。

（四）人神共享，功能强大

大兴的民间花会，主要在春节期间闹会以及年中各类庙会中表演，既表达了祈福保安的美好愿景，也体验了狂欢的愉悦。有些花会比如音乐会，在各自社区承担着祭祀、丧葬、祈雨等功能。

第二节 大兴民间花会的来源

一、本地区优秀花会的繁衍

（一）花会是酬神表演的主角

在 20 世纪 80 年代以前，农业生产是大兴地区的主要生产方式。人们把丰收与否寄希望于各路神仙的保护，于是修建了众多的庙宇。关公庙、观音寺、龙王庙等寺庙，不仅是乡民精神寄托、免灾祈福之所，也为人们设立社会救济机构、举办义学、乡塾等提供了空间。因此，当时的寺庙具有较为广泛的社会文化功能。而社会文化功能的最直接体现，就是定期举办庙会活动。庙会活动多在春秋两季举行，其主要目的是春天乞求各路神仙保佑风调雨顺，秋天丰收了答谢各路神仙对一方百姓的关照。庙会活动除一般的敬香、祈福等宗教仪式外，酬神表演则是庙会活动中最重要的一项内容，而酬神表演的主角就是参加庙会的各个花会的表演。

（二）本地花会自然繁衍

据 2006 年非物质文化遗产普查资料和与会头座谈得知，大兴境内的花会很大一部分是本地区优秀花会的自行繁衍。即同一地域某村落的某会技艺较高、影响较大，有成会意愿的村庄派人去学或把师傅请来传授。如大兴同乐会有“三东一西”的说法，即东黄垡、东白疃、东麻各庄、西黑垡，东黄垡村同乐会为师，其余三家为徒。

魏善庄镇北田各庄村吵子会是民国时期从附近的吴庄村请来的，榆垡镇曹各庄村的吵子会是跟东押堤学的，榆垡镇香营村的文吵子是跟河北省永清县赵庄子学的，庞各庄吵子是从榆垡镇传过去的，榆垡镇东麻村的吵子会是由礼贤镇的东郏河村传入的，采育镇大黑垡村的中幡是从长子营镇的小黑垡传过去的。

大兴的民间花会的传承来源，大多数属于此类模式。

（三）受地理因素影响而形成的独特花会

大兴的花会受地理因素的影响较大，如进入国家级项目名录的项目太子务武吵子。

太子务村所处的地方位于永定河北岸，这里是京城与外省的交汇处，河南岸归河北省管辖。永定河原名浑河，经常泛滥，康熙年间改名为永定河，希望它永远安定。永远安定其实并不安定，奔腾咆哮的河水给两岸人民带来了深重的灾难。人们的日子无法安定便出现了许多土匪，这些土匪不仅打劫过往的商客更祸害附近的百姓，太子务村离河岸稍远，地势又高，受到水害少，庄稼连年丰收，相对富裕，正因为如此，也成为土匪眼中的一块肥肉。在少林会成立之前没少受土匪的祸害。张鸿儒回村后把村里的年轻人组织在一起，习武护村，深受百姓爱戴。

少林会里出了很多武术高手，有人在城里开办了德胜镖局，村里出过武举人，叫崔渊，他家里现在还有光绪皇帝赠予的一块匾额。

太子务村有许多大庙，供奉着各路神仙，庄稼丰收了村里人要感谢神仙们的保佑。少林会成立后，由会员们去给神仙们表演。

本村与张鸿儒一起在宫里当差的还有一个姓孙的太监，孙太监偷回了宫廷乐谱《谨六通》，少林会把武术与宫廷音乐组合在一起形成了武吵子。

与此相类似的还有天宫院五虎圣会、西红门少林会等以武术表演为特色的花会，这些花会成立的初衷，一般都是以强身健体、保护村庄不受外来侵犯为目的。本村有人学艺归来传授武艺或是聘请外部的武术教师教村内人习武进而逐渐发展起来。

（四）其他因素影响传入的花会

有一些花会，为彰显其“善会”的性质，口头传承的会史中就有其花会技艺习自寺院僧人或道观道士之说。如白庙村音乐会、李家务道教礼俗音乐等。

礼贤镇东黄垡村的吵子曲之所以在这里扎根，是因为明代这里是皇仓，宫廷乐师年老后在这里养老而流传下来。

二、花会的活动

（一）民间音乐主要参加丧葬活动

在大兴东部的采育镇、青云店镇、长子营镇一带，民间音乐传承良好，目前仍在传承的音乐会有：

白庙村音乐会（国家级），大兴区长子营镇白庙村；

李家务道教礼俗音乐（区级），大兴区长子营镇李家务村；

北辛庄佛教礼俗音乐（未申报），大兴区长子营镇北辛庄村；

李家务音乐会表演

小黑垡音乐会（未申报），大兴区长子营镇小黑垡村；

上长子音乐会（未申报），大兴区长子营镇上长子营村。

这些音乐会为小型乐队演奏形式，所演奏的曲目多为佛教或道教音乐，并且传承有序，保存状况良好。这些民间音乐主要参加附近村落百姓婚丧嫁娶等民俗活动，其中称为“音乐会”的佛、道音乐不参加嫁娶祝寿等喜庆活动，主要参加丧葬活动，而且是丧葬活动中的主要角色，能够登堂入室，进入内宅，在灵柩前开展各种法事活动。

（二）中南部地区与河北省北部交流紧密

在大兴南部地区，如榆垡镇、礼贤镇等，位于永定河北岸，十里铺渡口是南方各省进入京城的要道。同时，这里位于北京市与河北省的交汇处，镇域内的一些村庄曾经属于河北省廊坊市固安县管辖，故这一地区的民俗民情、历史文化与河北省中部地区有着千丝万缕的联系，榆垡境内的一些民间花会大多参加过固安、涿州等地的庙会活动，上述地区的花会队伍也常跨过永定河来大兴地区参加庙会活动。

三、发展历程

（一）大兴的民间花会大多创建于清

大兴的花会创建时间大多为清中后期，少部分产生于清前期。20 世纪三四十年代以后，由于战火连绵，社会动荡，民生困厄，有些世代流传下来的花会逐渐失传。

（二）中华人民共和国成立后，民间花会得到很大发展

中华人民共和国成立后，人民群众翻身做了主人，社会生产得到恢复，经济好转，人民用各种方式歌颂党、歌颂新中国、歌颂社会主义建设，一些地区恢复了传统的庙会活动。作为庙会活动的重要内容之一的花会也随之活跃起来。不仅如此，民间戏剧、民间舞蹈等其他艺术形式在这一时期也得到了很大的发展。

“文革”期间，许多花会停止活动。没有停止活动的一些花会队伍也改称为毛泽东思想、文艺宣传队，表演的节目也进行了较大的改变。

（三）改革开放以后民间花会得以恢复和新生

改革开放以后，文化活动逐步恢复，许多停止活动的花会队伍又重新恢复了活动，并且成立许多新的队伍。同时在 20 世纪 80 年代以后政府文化部门加大了本地区文化遗产的挖掘、整理和抢救工作，使一些濒临失传和已经湮灭的花会得以恢复新生。据统计，2006 年全区有秧歌队 800 余支、花会 10 余种，总数达 400 余档。

第三节 大兴民间花会的种类

一、武术类花会的基本情况

（一）大兴历史上的少林会

大兴县的武术运动源远流长。中华人民共和国成立以前，民间尚武之风很盛，并有不少自发地以村、镇或就近几个村镇为单位成立的武术会社。

远在 1710 年（清康熙四十九年），榆垡镇太子务村就成立了少林会，它一直延续到 1920 年，长达 210 年之久，其间曾出过武举人一名。

1870 年（清同治九年），北京通州杨秀店一穆姓家中有位看家护院的老拳师，把少林武功带进了长子营镇窦营村，并建立了窦营村少林会。老拳师临终前曾把他的绝技“大杆子拳术”传授给该村的孙广玉，立孙氏为第一代传人。村子里很多人遂拜孙氏为师，学习少林八极拳法。

青云店镇的武术活动可前溯 100 多年，分为南北两大派。北派传人刘廷相，属于洪拳门少林派，练武场设在真武庙；南派传人殷德魁，属三皇门少林派，练武场设在天齐庙。各派均有绝招，中华人民共和国成立前也出了些有名气的人物，例如，南派第二代传人郭广仁，1932 年在南京打擂，夺取了银樽。

在清末，西红门镇有当地土匪勾结外乡地痞流氓到镇上滋事、抢劫、放火，胡作非为，乡亲们深恶痛绝。不少群众自发组织起来，凑钱买来练武器械，并请拳师赵志元教授武功，强身自卫，震慑恶徒。初时练者十几人，渐次发展至七八十人，并于 1913 年正式成立了“少林盛会”。牌子挂出去之后，练武之风盛行。人们每天收工后，便集中到镇上关帝庙院内习武，并在每年正月十五、四月十八、娘娘庙会上为赶会的群众进行表演，深得乡亲们的称颂。

黄村镇小营村少林会成立于中华人民共和国成立前，具体何年未予考证。该会有会章。平时练武健身自卫，节假日集体活动。主要练习五虎棍法，有七八十之众。

黄村镇海子角村的少林会，联合本地区的其他少林会、高跷会，于每年正月十五、四月十八、七月廿三、八月十五以及春节期间，沿街走会，一走就是四五天。

安定镇伙达营少林会成立于 1928 年（民国十七年）左右。发起者为张忠文、张志武。他们聘请师傅教习传统少林武术，致使附近村落青少年中喜欢武术的也前来求教，参加者过百人。

庞各庄镇北顿垡村“子弟少林”“如意盛会”为武术配武吵子（即鼓、钹等），约清朝中期传入。

榆垡镇求贤村少林会成立于清朝末年。

庞各庄镇梁家务村少林会活动开始于抗日战争以前，分为单打、双打。单打有：八步占身、二十四式、一合枪、二合枪、四合枪、五合枪、六合枪、连环腿十三趟。残腿（按、缠、残无考）十二趟、通臂拳三趟、大红拳一趟、查拳一趟及大枪（长矛）等。双打包括：对大拳、双手带、对枪、对拐、对靶（一枪一靶）以及大刀枪、单刀枪、双刀枪、大小骚子鞭等表演项目。

（二）目前仍在活动或传承人的武术会社

1. 青云店武术活动

青云店少林会创建于清末（1860）。刘天相是当时北京城六大镖局之首的德胜镖局老板，镖局总镖师殷德奎与刘天相是挚友，也是青云店人。刘天相大弟子赵鑫洲，河北廊坊人，与其雇用的镖师一起切磋武艺又吸收很多门派的武功。刘天相镖局解散后，他回到青云店开始在青云店北头真武庙招收弟子传授武功，顾振芳就是其中一个。顾老前辈收了众多弟子，青云店镇少林会就此成立，比较有名的弟子有马四、郭广仁、陈广信等人。

清代晚期张嘉祥（又称张洛忠）将少林派人祖门传入青云店镇、安定镇、魏善庄镇一带，至今已有 100 多年历史。在此期间出现的武术名家有殷德奎、郭广仁、金景钟等。

至今，在青云店、安定、魏善庄一带尚有几十人在习练并传承着少林派人祖门的拳术、器械及内功功法。拳术种类有弹腿，掩手，二郎拳，太祖拳，罗汉拳；器械有八仙剑，八卦双刀，八方刀，狄趟刀，马步春秋刀，六合枪，行者棍，护手勾等；主要内功功法有混元一气功，性功拳等。主要传承人有张玉国、陈跃会、殷武强等人。

2. 西红门民间武术

西红门少林武会创始人赵致元，生于光绪元年，祖籍河北省冀州小王庄。据传说，幼年师从少林游走和尚，得到了少林功夫真传，轻功极好，20 来岁即以散打绝技成名。在光绪二十年左右，跻身北京城最有名的“会友”镖局当镖师，闯荡江湖。1910 年左右落脚西红门。最初打短工，当泥瓦匠，被发现有功夫后在众人的推举下，立场授徒“三十六友”。约在 1937 年以后，不以教授功夫为主，转为济世行医，主治骨外伤，疗毒恶疮皮科，医术神奇，医德高尚，人人传颂，于 1955 年仙逝，享寿 80 岁。

赵致元及“三十六友”众徒都已相继作古，西红门少林武会已成为历史，传统的武术套路部分失传。但西红门习武之风仍很盛行，很多青少年业余时间接受武术训练。

3. 窦营村少林会

窦营村少林会在长子营镇窦营村，起源于清朝，至今已有 200 多年历史，它所表演的是正宗的少林拳术。最初是由一位少林的老师傅在通县杨乐店传过来的，最开始是几个，后来发展到十余人，主要练习行拳、六角架、角八件、八套拳等四套拳法以及双手代、少林棍、三节棍、单刀、双刀、花枪、铁扇子等器械。

目前，村里仅有五六个人掌握这项技能，年龄最大的已经 70 多岁。现在只有四五个年轻人学习，但只学会一些简单的武术动作。

二、表演类花会的基本情况

文艺表演类花会突出的特征是以民间乐器伴奏，由民间艺人演唱，并以民间舞蹈为动作的主体元素，其乐器、唱词、舞蹈大多古拙质朴，简单易学，因而深受民众喜爱。

（一）高跷会

高跷是民间花会的主要表演形式，大兴高跷已有几百年历史，很多乡镇都有高跷会。高跷会一般由群众自发组织起来的。正月十一、十二开始踩街，寓意告知人们在众多的民间花会中，今天挂个号。正月十五正式上街，一直到十八方告结束。在过会时，沿途的大商号在门前设八仙桌，摆上茶水、点心，放鞭炮，道辛苦，表示慰劳。高跷队在此稍做逗留，或表演答谢。高跷的队列在街头行进中，一般采用一字长蛇阵的单列，在繁华拥挤地段采用双人并列队形，步子变换为走八字。在表演时有小旋风、花膀子、鹞子翻身、大劈叉等高难动作。高跷表演又有文、武之分，文跷的腿子高于武跷，一般在三四尺左右，其中榆垡石垡村的高跷腿子曾高达四五尺；文跷以演唱为主，武跷以打斗为主。文跷讲究扭、逗，或表演情节简单的小戏。武跷强调个人技巧，如“单腿跳”“扑虎”“劈叉”“越障碍”“跳高桌”等。

高跷会的表演队伍一般由 12 人组成，分扮陀头、小二哥、渔、樵、耕、读等人物，或扮成《水游传》《白蛇传》《西游记》等戏曲人物。

礼贤镇宏生村仙跷盛会，该项目于 2018 年进入大兴区级非物质文化遗产代表性项目名录；石垡高跷项目于2018年进入大兴区级非物质文化遗产代表性项目名录。

（二）吵子会

吵子会是大兴南部、河北北部地区庙会和春节期间重要的花会表演项目。解放初期达到高潮，1953~1959年，大兴县有花会108档，其中民间吵子会占40%以上。器乐有大鼓、镗子、镲歌、小锣、海笛、唢呐、碰钟等十余种。在2006年的非物质文化遗产普查中，共普查到各种类型的吵子会37支，其中，武吵子会15支、文吵子会17支。另外5支既可以表演武吵子又可以表演文吵子。大兴的吵子会中所使用的乐器和演奏的曲目基本相同。

目前，大兴境内，历史较长、传承脉络较为清晰、影响比较大的文吵子会有榆垡镇朱家务同乐圣会、榆垡镇西瓮各庄村武乐盛会、礼贤镇东郏河村的同乐盛会、礼贤镇东梁各庄同乐吵子会等。

（三）小车会

小车会称作"太平车"，传说这个名字是宋朝开国皇帝赵匡胤所赐。千里送京娘，平安到汴京，被广为传颂。小车会以艺术的形式，再现民间的民俗生活，表现了民众对太平生活的祈求，是一种积极向上的大众心理。小车会的表演主要有广场表演、走街表演和舞台表演3种形式。另外，根据特殊要求，比如参加比赛活动或接受节目审查等，将根据需要采取特殊的表演形式。

小车会的活动，主要是在重大节日、隆重庆典、婚礼喜庆、夏日广场、群众娱乐等喜庆热烈的场面进行表演。

目前，在大兴的小车会中，成立时间较长，在当地影响比较大的有魏善庄镇东研垡村小车会、旧宫群英同乐小车盛会、魏善庄镇北田各庄村小驴会等。

民间花会表演

第四节 民间花会的相关术语

一、工尺谱

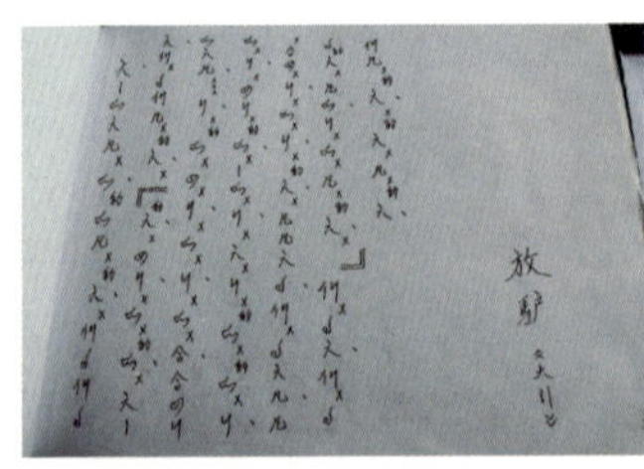

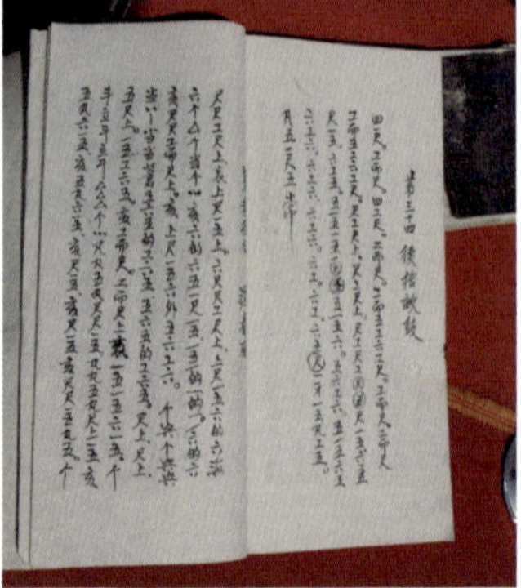

民间花会使用的乐器及乐谱

（一）吵子会、传统音乐会一般都是用工尺谱

吵子会、传统音乐会一般都是用工尺谱（“尺”音“chě”）。这是世界上最早发明的乐谱之一。

工尺谱是中国民间一种传统的记谱法。即用文字记谱，又称“字谱”。工尺谱一般以“工尺上一四合凡”“上尺工凡六五乙”“合四一上尺工凡”这 3 种七字符来谱写，并因使用大量的“工”“尺”等字而得名。

（二）工尺谱的传统写法

工尺谱在传统写法上是由右向左做直行书写。书写时音字和音字之间的距离、字体的大小以及行与行之间的各种接写方法，都与每个音的时值长短和乐句、乐段的划分有关，因此，必须按照一定的规则来写。它与许多重要的民族乐器的指法和宫调系统紧密联系，在民间应用很广泛。

（三）工尺谱传授

工尺谱的传授方法为口传身授，即师傅教一句，徒弟学一句，先学谱然后再学乐器。

二、传统花会的首领

太子务武吵子会旗

（一）会首

会首也称会头，是民间会社的头领，也是民俗文化活动的主要组织者。从唐宋到当代，会首的角色和职能发生了重大变化。会首从乡村大户向平民转移，其职能从组织拜神、祭祀等宗教活动向近现代组织娱乐活动转变。自古及今，会首在民众中的威信以及在民间艺术文化建设方面，一直发挥着不可替代的重要作用。

大兴民间花会的会首是由所在会社的人共同商议推举出来的，或是由某一家族内部根据其辈分、身份、地位推举产生的。一般由男子担当。会首大多都有一定的任期，每届任期为 1~3 年，有时候一年一换，有时候两三年一换，机动灵活，任期满后便再重新改选。

（二）香头

有些花会的会头和香头是同一个人，有些花会是不同的人。从字面上看，香头是头一个上香的人，花会在出会前或是重大的节日，如祖师爷的生日，参加庙会时在庙里给神仙烧香，由香头代表该花会，参加敬香仪式。香头一般由花会的出资者担任。也有的花会写作箱头，是指保管道具的人。

（三）教师

教师在这里读 jiāo，师字的发音也带一个儿话音。教师是指传授技艺的人，一个花会不止一个，如吵子会、高跷会，动作、唱腔和音乐部分可能由不同的人来教。

三、传统花会的活动

大兴的民间花会的演出比较随意，其节目并无一定之规，演员可根据自己的角色任意发挥，因此更具地方特色，充满浓郁的乡土气息。每年春节前后，各路花会便走上街头，多在本村演出，少数颇有名气的会班也有时接受邀请，外出献艺。遇上大丰收的年景，有的大村镇便邀请几路会班集中演出，其场面更显得十分热烈。

（一）走街

吵子会、高跷会的主要表演形式，一是“走街”；二是“撂档儿”。“走街”较简单，视街道的宽窄，排列二或四路纵队。表演者在中间做一些简单的动作，且行且打。

（二）“撂档儿”

撂档儿表演一般有两种：一种是临时性的，即在踩街的过程中由百姓临时摆出茶桌，花会在茶桌前暂停，进行表演；另一种是固定性的，不同于踩街的流动性，而是在固定的地点进行表演，表演的动作一般比较激烈，是花会表演的精华。

（三）请会

民间的庙会、花会、节庆仪式内容非常丰富，在过去是重要的民间文娱活动，有时规模也较大。村内举行的演出活动为了能够更加精彩，也常常会邀请其他表演队伍来进行助演，相应的也会外出进行交流。而在此过程中出现了一系列的礼仪和民俗规矩。按旧时传统，凡是需要邀请外会来村里进行表演，为了表示尊重必须在礼数上做到一丝不苟。

古代社会，在重要的拜访场合必须要拟写一份拜帖以示郑重。以大兴境内数量众多的吵子会为例，吵子会邀请他会的程序中，拜访礼以及拜帖也是必不可少的。会头经过商议以后决定请哪一家外会来演出，然后由村内能够写书信的人来撰写一份正式的拜帖，其中要写明时间、地点等。拜帖经过会头审核以后，放入专门放拜帖的拜盒中，交由吵子会内的“肩叉”专门拿着。做好这些准备以后，会头带着肩叉将亲自前去邀请。请什么会也有一定的讲究，不能出现“气会”的情况，即同一种类的花会只能请一支队伍。相同种类的队伍参加同一场演出，容易出现相互比较、相互斗气的情况，影响花会间的团结。

（四）出会

出会是指接受其他武吵子会的邀请，去外面参与演出。出会之前，需要由邀请方上门邀请，而受邀方要做好接待工作，务必保持礼数上的周全。通常情况下，请会方会提前通知被邀请方会在什么时间登门来访。到约定好的那天，被邀请方出门接待，经过必备的行礼、交换拜匣等程序之后，双方商定好出会的日期、表演地点。请会一般是一请3年，一旦答应了人家的邀请，则一定要在未来的3年中按约定出会，不能有爽约。

传统花会的表演

出会

第八章 大兴优秀传统文化的载体——民间文学

第一节
民间传说

民间传说是大兴民间文学中的一个重要组成部分，内容涵盖历朝历代人类活动的方方面面：英雄美女、因果报应、山川河海、溪流湖泊、魑魅狐仙、寺庙僧尼、天神地藏……有确有其人的轶事加工，有子虚乌有的杜撰，篇篇都有鲜明的个性特点。它在民间口头流传，是普通老百姓文化生活的重要组成部分。

传说中，大兴地域内的物产、习俗传说内容丰富有趣，散发着浓浓的泥土芬芳。这些传说，有极强的生命力，甚至对指导生产都有借鉴意义。传说故事为文学创作提供了很好的素材，为培养教育子孙后代，为社会生产和文化活动，留下了极宝贵的资源，是民间文学的奇葩。另外，大兴的民间传说中有关永定河系列传说和南海子系列传说、古桑园系列传说、广阳城系列传说等，地域特点显著，而且数量多，可读性强，自成一体。

一、永定河传说

（一）基本情况

永定河的传说既是古老的，也是新鲜的。

永定河文化是延续了几千年、具有开放性和包容性的地域文化。在多种文化交融的永定河文化中，包括了大量民众以口头的方式创作和传承的有关永定河的传说故事，这些传说故事包括神话传说、史事传说、人物传说、风物传说、生活故事等，奇特地伴随历史的发展，记述了永定河的灌溉之利、泛滥无常、决堤改道以及治理的种种史迹，讴歌了永定河流域的人民艰辛创业的历程。

大兴地处永定河冲积平原。永定河是北方第一大河，有小黄河之称，历史上多次决口，在冲积成大片肥沃的土地的同时，也给大兴人民带来深重灾难。大兴人民对之既爱又恨又敬，一方面修筑堤坝防洪，另一方面修建庙宇祭祀河神企求保佑。现今，大兴仍有许多与永定河相关的遗址尚存，如：位于榆垡镇求贤村附近，修建于清康熙三十七年（1698）的分水坝遗址，遗址处曾立有乾隆《上谕碑》和同治《重修求贤坝碑》；位于庞各庄镇赵村南永定河大堤下的永定河神祠遗址又称龙王庙，该处于乾隆三十五年（1770）闰五月决口，决口后第三年，清高宗题额曰“忧哉槲”，遗留御制石碑一座；辛安庄村有清光绪年间永定河渡口碑一座。这些碑上的碑文保存完好，是记载永定河历史的重要史料，这些史料一部分经过艺术加工变成传说流传下来。

采访永定河传说传承人——寇殿荣

永定河的传说是丰富的、多样的、多彩的，构成了一条民风独具的文化带。作为北京文化的母体文化，是现代北京所不能舍弃的。

该项目于 2007 年入选大兴区级非物质文化遗产代表性项目名录。

（二）故事举例：半把金豆子

西庄，一武姓青年，家住原广阳城东，家境贫寒，冬季靠卖柴为生。

一日，他又担柴去庞各庄赶早市，没想起冒了五更。他挑着木柴刚走出村不远，见迎面有一座城，城门大开，里面车马行人清晰可见。他想怎么这么快就到庞各庄了。再一想，这根本不是庞各庄，庞各庄哪来的城墙、城门呢？这恐怕就是人们常说的广阳城吧？

出于好奇，他放下柴挑儿，径直向城里走去，进城后，只见那街道两旁商店林立，路上行人车水马龙，不但没有一个人理睬他，也没有听到其他人之间的互相谈话。他心想：莫非这广阳城真的像传说的那样是个哑城？往里走了一会儿，他忽然灵机一动，心想：别再往里走了，若是迷了路回不去就糟了。又一转念，人们常说广阳城内都是宝，我既然已经进来了，别空手回去呀！于是他便留心看拿点什么好。可巧，见眼前有一磨坊，正在磨黄豆面，他趁推磨人背身筛面的机会，一步向前从磨盘上抓了一把豆子，不想刚把豆子抓到手，筛面人可能听到了他的脚步声，一回头儿，小伙子一胆儿小，手一松，攥住的黄豆只剩了半把，他撒腿就跑。出了城，回头一看，刚才见到的城市已经无影无踪了，可这半把黄豆还紧紧地攥在手里，待天亮一看，这哪里是黄豆，分明是金豆子。

二、南海子的传说

（一）基本情况

南海子在北京城南 10 公里处，是元明清三代著名的皇家苑囿。

它地势低洼、草木茂盛，是天然的狩猎场。元至大元年（1308）筑呼鹰台，元至治二年建行殿，春秋之交皇帝在侍卫簇拥下狩猎，称“下马飞放泊”。明永乐十二年（1414）朝廷下令扩建“下马飞放泊”，四周筑土墙开辟四门称“南海子”。同时，先后修建了提督官署、关帝庙、镇国观音寺以及根据二十四节气修建的二十四园等。“南海子”明时被誉为“燕京八景”之一，称“南囿秋风”。清顺治、康熙、乾隆年间先后修建行宫四处。团河行宫是清代乾隆四十二年（1777）建造的皇家苑囿，是南海子四座行宫中最大的一座，占地 400 亩，修筑殿堂 300 余间。清末，团河行宫遭八

采访永定河传说传承人——赵景贤

国联军焚掠，后又遭北洋军阀、侵华日军的破坏掠夺，变为废墟。封建帝王在南海子的主要活动，一是临憩；二是围猎；三是大阅；四是政务活动。现存德寿寺碑记载着乾隆四十五年（1780）乾隆在德寿寺接见六世班禅的情景，宁佑庙碑详细记述了南海子历代沿革及水系原委、团河行宫御制石碑记述疏浚凤河原委，所有这些，既提供了珍贵的历史资料，也为民间传说的收集整理提供了现实依据。

南海子的传说大多以地区内的历史遗迹和历史事件为依托，加入丰富的想象，不断地进行完善和创作，是这一区域历史和文化的民间表现形式，能够独立构成体系。南海子和团河行宫传说故事有些被评书艺人编入著名武侠小说演播，几乎成为全国人民家喻户晓的故事，如“黄三太镖打猛虎救皇驾”，在武侠小说《三侠剑》《彭公案》中经常被提到，成为说书人吸引听众的重要章回。

南海子和团河行宫传说故事，对于我们认识历史、进行爱国主义教育、发扬中华民族光荣传统、振兴中国，有其他教育形式无法替代的作用。

该项目于 2007 年入选大兴区级非物质文化遗产代表性项目名录。

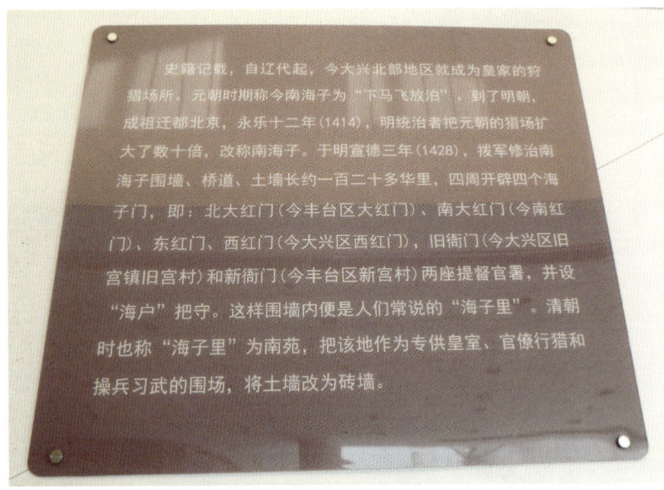

研究南海子的相关书籍及文物标牌

（二）故事举例：神龟荐宫址

乾隆皇帝最喜欢到南海子打猎，其原因有三：一是南海子猎场离京城近；二是能展示自己超群的箭法；三是想以此教育子孙，永保爱新觉罗家族骑马征战的好传统。

乾隆 12 岁那年，随父亲雍正给祖父康熙帝拜寿，康熙见他长得相貌堂堂，而且谈吐不俗，因此十分赏识。当即令弘历的祖母德妃将其带回宫中，精心抚育。又令弘历的皇叔胤禧教他骑射。弘历勤奋好学、臂力过人，整日在圆明园苦练，很快便练出百发百中的好箭法，随后康熙便带他到南海子打猎。更令人惊喜的是第一次打猎，乾隆就射鹿三只，超过了随行的大臣。因此从那时起，到南海子打猎就成了弘历的爱好。

乾隆四十一年（1776）春天，已经 66 岁的乾隆帝又到南海子打猎。天刚蒙蒙亮，王公大臣及八旗统领便率兵在猎场布列完毕，圣驾一到，打猎便正式开始。阳春三月，风和日丽。南海子猎场内花草茂盛、禽兽成群。乾隆精神抖擞、一马当先，只一个时辰，就射得一鹿一兔。一直不离左右的和珅高呼万岁，带头叫好。突然，乾隆发现前面树上落着一只长尾雉鸟。乾隆见雉鸟羽毛艳丽，顿生爱慕之心。他想活捉雉鸟送给刚刚两岁的十公主玩耍。和珅看出乾隆的意图，急忙派人折断箭头，然后亲手将箭杆的顶端用布缠裹好递给乾隆。

不料，乾隆刚将箭杆搭在弓弦上，长尾雉鸟却鸣叫着飞走了。乾隆两腿一夹马肚，风驰电掣般地追去。追了好一阵子，长尾雉鸟突然不见了，乾隆忙勒马寻找。不想坐骑咆哮着立起两条前腿，险些把他摔下马来。和珅慌忙下马、率众保驾。但乾隆坐骑的前腿刚一落地，马上又弹起来。和珅低头一看，见马蹄落地处，正好踩在一只大龟的背上，于是忙上前勒马转向，待马站稳之后，立刻向乾隆道喜："皇上路遇神龟，定能长寿，臣祝吾皇万岁万岁万万岁！"乾隆下马，细看神龟，神龟不仅个儿大，更奇特的是龟背正中有"天"字形花纹。

乾隆爱抚地拍拍龟背，示意叫它快走，不料神龟竟将头高高扬起，向乾隆点了三下，然后才向不远处的凤河爬去。乾隆目送着神龟，见它爬一段儿就回头看看，而且频频点头，像是叫他随行。神龟入河后，露出龟背，高扬着头，逆水而上，仍不时地停下来招呼乾隆。

乾隆顿时来了兴趣，先是牵马尾随，后来见神龟越游越快，便上马扬鞭紧追。奇怪的是，不管马跑得快慢神龟总在一箭之地的前面引路。随行的王公大臣更觉得奇怪，于是纷纷尾随其后。

很快，神龟游到了一个清水池内，它疾速地沿池游了一圈儿，向乾隆点了一下头儿沉入水中。

乾隆下马，见池水清澈、鱼儿游弋、水鸟成群，池边花草茂盛、姹紫嫣红，忙问和珅这是什么地方。

和珅忙回奏，说这是团泊，团泊内有九十四处泉眼，长年流水不断，是凤河的源头。

"好地方！好地方！"乾隆听后赞不绝口。

和珅见皇上喜形于色，马上跪奏："南海子猎场内，南有南宫、东北有德寿寺、新旧衙门行宫、西北有宁算庙，唯有这西南处空缺，请皇上准奏，在此修建一座。更为可喜的是，今日有神龟领路荐址，此处定是吉祥之地。在此建筑行宫，我大清国定能国富民强。"

乾隆听了和珅的话，心里十分高兴，但脸上不但没流露出来，反而现出犹豫之色。其实，乾隆早就有意在这儿建一座行宫了，只是因为近年国内灾害较多，担心花费太大，引起非议，所以一直藏在心底，出京之前，他才第一次向和坤透露这个想法。

和珅可是逢迎拍马的高手，自从乾隆二十九年（1764）受宠之后，他一直揣摩圣意，简直就是乾隆肚里的一条蛔虫。刚才，他见乾隆装疯卖傻地赞美此处，便知道了他的心意。更重要的是今天有神龟荐址的吉祥之兆，所以他当众说出了乾隆想说但不好意思说的话。

王公大臣、八旗统领及皇子皇孙，见乾隆仍迟疑不语，一齐跪地，请皇上准奏。

乾隆见时机成熟，当即下旨建造团河行宫。

此时，神龟突然浮出水面，众人见龟背上附着两条泥鳅不泥鳅，蛇不蛇的东西，正在纳闷儿，神龟竟然爬上岸来，伏在乾隆脚下。乾隆见龟背上的东西不停地扭动，但就是滑不下来，而神龟却现出负重难忍的样子，于是将它们抓起来，一条撇向东，一条扔向西，就在乾隆撇扔的时候，突然狂风大作、池水翻腾、花瓣乱舞、草叶横飞。

众人都被这突变惊呆了，个个掩面闭目。待风平浪静、睁开眼时，见皇上撇扔之物已变成了两座酷似龙状的土山，蜿蜒起伏，将团泊围在中间。

原来，那两个东西是团泊中四条恶蟒中的两条，它们分管着九十四泉。虽然修炼都超过了500年，但因为作恶多端，而且相互间经常争斗，所以仍不能变成人形、化作龙身。这两条恶蟒在神龟的劝说下，萌生了改邪归正的念头，于是答应经皇上之手变成土龙。

乾隆见状，急忙转身，想感谢神龟的帮助。然而，此时神龟已不知去向。乾隆只得率众人望池而拜，随后下旨立即建造团河行宫。

此后，每当乾隆住跸团河行宫时，都要想起神龟，然而却一直未能如愿，直到乾隆六十年（1795），他因龙体欠安，来此静养时，才有缘与神龟重逢。

三、古桑园的传说

（一）基本情况

大兴区御林古桑园位于大兴东南部安定镇境内。这里古树参天，风景秀丽，保持着原始的地容地貌。

几百年来，当地农民摸索出了采摘、管理、嫁接等一整套的技术，出产的桑葚个儿大、味儿甜，有着独特的品质，曾是进奉皇宫的贡品。

御林古桑园历史渊源十分久远，各种民间传说广泛流传，在普查中收集到流传于本地区的传说故事100余篇，这些传说故事大多以文化古迹和历史人物做依托，加以虚构和想象。例如，在当地广为流传的“窑洼桑葚救刘秀的故事”“双塔寺刘庸智杀皇帝替身僧的故事”“前野场小辨刘逸事”“燕子李三传奇”等，人们通过各种传说、故事，寄托思想，表现喜怒哀乐，歌颂善良与正义，抨击黑暗与丑恶。

大兴御林古桑

大兴御林古桑园

大兴御林古桑园

古桑园传说是这一地区人民思想意识、道德伦理、生活风俗的集中体现，对研究大兴东部的历史和民俗具有重要的参考价值。

该项目于2007年入选大兴区级非物质文化代表性项目遗产名录。

（二）故事举例：桑树救驾　太监误封

话说西汉末年，王莽篡位以后，刘秀起兵南阳恢复汉室江山。在这里兵败落难，只身一人躲到废窑中，一连几天水米不打牙，眼看性命不保。是一颗落入他口中的桑葚，使他振奋起精神，每日以桑葚充饥维系性命。这废窑附近的一片桑树林，一连40天既掩藏了刘秀的行踪，又用桑葚挽救了刘秀的生命。别的果品不能代替粮食，而桑葚却能当饭吃。刘秀光靠吃桑葚虽粒米未沾，终于等来了救兵，继而东山再起，光复了刘氏江山。刘秀登基，做了汉光武帝，册封有功之臣，也没有忘了曾经救命的老桑树，特意封桑树为王。而传旨太监来到这里，看着满眼桑树，却不知道册封的是谁？这时候却看见了一棵不同的大树，树干光滑，不像桑树那么嶙峋，就将这棵大椿树册封为树王。于是，桑树顿时气得开膛破肚，一边却乐坏了哗哗作响的傻青杨。所以您今天看见的许多桑树的树干都是开裂的，就是那个时候给气的。

第二节
民间故事　心灵寄托

一、人物故事

（一）基本情况

在民间故事中，大兴的人物故事比较有特色，故事中的人物一方面是历史上大兴出现的名人，如西晋政治家张华、清代作家李汝珍、农民起义领袖林清等；另一方面是活跃在大兴民间的名人，如武术名家殷得奎、少林武会赵致元等以及大兴区域内有专长的民间艺人，如盲艺人胡德禄等。他们的事迹随时间推移，逐渐被演化成故事，在大兴的广大地区流传。

（二）故事举例：张华杀狐狸

张华是西晋时期方城人，而方城在今天的固安西北，属于今天的大兴榆垡镇。历史上张华留下很多传说，今天讲一个他杀千年狐狸精的故事。东晋时期，干宝编写了一本《搜神记》，里面收录了张华的这个传说。

张华在晋惠帝时任司空，在当时燕昭王墓前有一只毛色斑驳的狐狸，活了很久。它仰慕张华博学，于是想变化成一名书生，去拜见张华。

狐狸问墓前的华表说："凭我的才貌，能不能去会见张司空呢？"

华表说："你能言善辩，没有什么不能做的。但张公明智而博学，恐怕你难以应对，你去必定遭到侮辱，大概就回不来了。不但要丧失你千年修炼的本体，还会连累我深受灾祸。"

狐狸不听华表的话，于是拿着名帖拜见张华。

张华看他年轻才俊，肤色洁白如玉，举止神情优雅动人，十分看重他。于是与他谈及文辞篇章，辩论考察名实关系，狐狸的许多言辞是张华从未听到过的言论。接着评论前朝历史，探寻诸子百家的精义，谈论老庄学说深奥的地方，揭示风雅绝妙的义旨，总结古代圣贤之道，贯通天文地理人事，规诫各派儒学，指责各种礼法，张华都是无法应答，张口结舌。

张华于是长叹道："天下哪有这样的少年！如果不是鬼魅，就一定是狐狸精。"

张华于是打扫坐榻请他留下，安排人加以防守。

狐狸说："您应该尊重贤士，包容众人，嘉奖人才而同情弱者，怎么能忌恨别人有学问呢？墨子主张的兼爱，难道是这样的吗？"

说完，便要求告辞，张华已经派人守门，不让他出去。狐狸过一会儿又对张华说："您在门口设置兵士，定是对我起疑了。我担心天下的人将卷起舌头不说话，有智谋的人望着您的门不敢走进。我深感惋惜。"

张华不回答，却让人看守得更严密了。这时张华的好友丰城县令雷焕来拜访张华，张华把此事告诉了他。

雷焕说：“如果怀疑他，为什么不让猎狗去试试他呢？”

张华于是叫人唤猎狗来试，狐狸见到猎狗竟没有一点害怕的神色。

狐狸说：“我天生才智，你反而认为我是妖怪，用狗来试我。任凭你千试万试，难道能够伤害我吗？”

张华听后很生气，说：“这一定是真妖怪，听说鬼怪忌惮狗，但狗只能识别几百年的妖怪，千年的老妖怪，狗是不能识别的。只有用那千年的枯木照它，就会立刻现形。”

雷焕说：“千年的神木，到哪里才能得到呢？”

张华说：“世人传言燕昭王墓前的华表木已经千年了。”于是派人去砍华表。

被派去的人到华表墓那里，忽然从空中降下一个穿青衣的小孩，问使者说：“您来做什么？”

使者说：“张司空那里有一个少年来拜访，多才善辩，张司空怀疑他是妖怪，派我来砍取华表木照他。”

青衣小孩说：“老狐狸不明智，不听我的话，现在连累到我，怎么能够逃掉呢？”于是放声大哭，一下子不见了。

使者砍那棵华表木，木里流出血来；使者于是把华表木拿回去，点燃它用来照狐狸，竟是一只斑狐。

张华说：“这两个妖怪不遇上我，千年之内都不能擒获。”

于是张华烹杀了狐狸。

二、物产故事

（一）基本情况

地方风物故事，在大兴的民间文学中占有很大分量。地方风物故事是一个地方的文化名片，是当地老百姓对自己生活的地方津津乐道、引为自豪的故事。

与地方风物传说相类的，是一些解释性的传说。一个村落、一块石头、一段堤坝，都会被人们附会上一段故事。无论从日常生活的知识结构说，还是从百姓的审美立场讲，这些解释性的传说都是别有天地的。譬如一些村落的名称由来的传说，不仅给读者提供了相关的历史知识和生活知识，填补了地方志民俗志的不足，而且往往再现了一段生动真实的地方历史。

（二）故事举例：仇老汉夜游种瓜园

都知道庞各庄的西瓜沙甜脆，有人说是与土质有关，还有人说与籽种有关，说这里的籽种是由广阳城里带出来的。

传说很早以前，庞各庄东北有一座广阳城，城里住着 360 位员外。因这些员外不干好事，惹恼了上苍，降下了天塌地陷之祸，使很多百姓遭到了株连。广阳城消失以后，埋没了很多金银珠宝，有人说这座城 60 年重现一次。因此，在这一带有不少南蛮子憋宝的传说。

传说有个姓仇的老汉曾进过重现的广阳城，并带出了种瓜的籽。

仇老汉居住在庞各庄附近，他每天起得很早，出去遛弯儿。一次，他以为天快亮了，就起了床。到门外一看，朦胧的月色，他就离开了家门。没走多远，降下了漫天大雾。他左转右转，便迷失了方向。

忽然，他见前面有一座古城。巍峨耸立、气宇轩昂，十分壮观。城楼上镌刻着“广阳”两个鎏金大字。他见城门里灯火辉煌，人声鼎沸，便走了进去。里面是一个很大的农贸交易市场，有买有卖，非常热闹。他见有很多卖瓜的人，便走了过去。

卖瓜人是个年轻的小伙子，长得慈眉善目，问他买什么瓜。他说想买个大西瓜，回去后当作籽种。卖瓜人告诉他，这些瓜虽然个头很大，但只能买回去吃，不宜作为籽种，因这些瓜生长期并不长。忽然，那年轻人问道：“你姓仇吧？”仇老汉说：“对，你怎么知道？”那年轻人说：“我看你的五官，很像你的曾祖。因你的曾祖和我是表兄弟，咱们还是亲戚呢。”仇老汉说：“你和我的曾祖是表兄弟，你怎么这样年轻呢？”只见年轻人微一笑，再问不答。

年轻人见仇老汉是想买瓜回去当籽种，便对他说：“我带你去种瓜园看看吧，那里都是好的瓜种，离这里并不远。”说罢，让旁边一个卖瓜人给他看着瓜摊，便领着仇老汉去看种瓜。

没走多远，来到种瓜园。那里的月色很好，照如白昼。只见眼前一块很大的西瓜地，满地都是西瓜。那个年轻人指着面前的几个西瓜说：“你看，这些瓜叫‘黑绷筋’瓜。凡是西瓜皮上刻有十字的，都是早期坐着胎的瓜，时间最长。用它当种瓜，第二年的瓜才能长得最好，个大、瓤甜、肉脆。”说着，又带仇老汉来到甜瓜园，对他说：“这甜瓜分两种，一种是白甜瓜，皮上有浅黄色，这种瓜又甜又脆。再有一种就是花甜瓜，又甜又面的瓜，上年纪人吃好嚼一些。”仇老汉指着眼前一个又香又大的瓜说：“这是什么瓜呀？比西瓜个小，可比甜瓜个大。”年轻人告诉他：“这种瓜叫面墩子瓜，最适合老年人吃，一个就能吃饱呢。只是买的人少，所以在甜瓜地里种上几棵，就够家里人吃的。”这时，仇老汉见甜瓜旁有的插上了小棍儿，便问是怎么回事。年轻人告诉他：“这是作为种瓜留下的标记，你别看有的瓜长得个头不小，但不一定就是种瓜。种瓜是按时间计算的，时间短，长得再大再好，也不能作为种瓜。都说‘瓜熟蒂落’，你看，有很多插棍儿的甜瓜瓜把儿都掉了，这是最好的种瓜。这就叫‘西瓜刻十字儿，甜瓜插小棍儿’。”仇老汉从衣兜里掏出几个铜板，要买几个种瓜。年轻人笑着说：“这里用的是纸币，不用铜板。我见你很实在，咱们又是亲戚，这里有新晾干的籽，我给你一些回去种吧！”说完，将西瓜籽、白甜瓜籽、花甜瓜籽分别用纸包好，递给了仇老汉。同时，捏给了他几个面墩子瓜籽，让他回去种在甜瓜地里。

两个人刚刚离开种瓜园，就听远处一声鸡叫。那年轻人大喊一声：“快跑！”顷刻间所有的人都变成了一个个青面红发、锯齿獠牙的厉鬼，伸出毛茸茸的大手，纷纷向他索命。他拔腿就跑，只见广阳城的那扇大门吱吱作响就要关闭。他猛地往外一撞，冲出了大门。就听身后一声巨响，再一细看，广阳城踪迹皆无，只剩下漫天的雾气。

天近正午，仇老汉疲惫地回到了家，和家人谈起了此事。人们都说，广阳城里的那些人是天塌地陷时的冤魂野鬼，死很长时间了，还没有超生。难怪那个年轻人说和仇老汉的曾祖是表兄弟，并不肯收铜板。因那里是阴间，只有阴间才花纸币。

仇老汉把从广阳城里带出来的籽种在了地里，并把坐胎最早的瓜刻上了十字和插上了小棍儿，作为标记，使得庞各庄一带的瓜代代相传，越种越好，总是沙、甜、脆。

三、长工和地主故事、工匠故事和巧女傻婿等

民间故事中的长工和地主故事、工匠故事、巧媳妇和“呆”女婿故事等数量很多，是大家所熟知的故事类型，因这类故事流传的范围较广，大兴的区域性不强，这里不再赘述。

第三节 民间谚语、民间歌谣、歇后语

一、民间谚语

大兴的民间谚语，内容涵盖很广，有预报天气的，如“蚂蚁搬家，定有雨下。”有指导农业生产的，如“头伏萝卜二伏菜，三伏种荞麦”“蓖麻不出九，出九必减油”。有安排日常生活的，如“早晨满天雾，尽管洗衣裤”“春捂秋冻，不爱生病”。有人生哲理的，如“撒谎难瞒当乡人，救火

还靠老乡亲”“人不养地，地不养人”；有进行思想教育的，如“在家不心善，出门大风灌。不做亏心事，不怕鬼叫门”。在这些谚语中，由于全国气候条件的差异，指导生产生活的谚语大兴的区域特点十分明显，但反映社会现象、人生经验的谚语和其他地区的差别不大，地方色彩相对来说不够明显。

（一）气象时令

小雪封地，大雪叉河。

小雪封地不封地，大雪叉河准叉河。

一九二九不出手，三九四九冰上走。

七九河开河不开，八九燕来燕准来。

二八月，乱穿衣。

八月十五云遮月，正月十五雪打灯。

腊七儿腊八儿，冻死寒鸦儿。

燕来不过三月三，燕走不过九月九。

一场春风一场暖，一场秋雨一场寒。

一场秋雨一场寒，十场秋雨换上棉。

早立秋，冷飕飕；晚立秋，热死牛。

冷在三九，热在中伏。

（二）生产

人不养地，地不养人。

人误地一时，地误人一年。

豌豆大麦不出九（播种期）。

春分不上炕，立夏栽不上（红薯育秧）。

枣芽发，种棉花。小满花，不回家（棉花）。

深栽茄子浅栽蒜。

有钱买籽，没钱买苗。

过了芒种，不可强种。

立夏三天见麦芒。

麦黄怕风摔，稻黄怕雨来。

麦熟一晌，蚕老一时。

（三）健身

脑子不怕用，身子不怕动。

饭后百步走，能活九十九。

晚饭少吃口，活到九十九。

早饭要吃饱，午饭要吃好，晚饭要吃少。

食不言，睡不语。

春捂秋冻，一辈子不得病。

笑一笑，十年少；愁一愁，白了头。

鱼生火，肉生痰，白菜豆腐保平安。

桃饱人，杏伤人，李子树下抬死人。

吃萝卜就热茶，气得大夫满街爬。

宁吃鲜桃一口，不吃烂杏一筐。

有钱难买老来瘦。

病来如山倒，病去如抽丝。

（四）生活

吃不穷，喝不穷，算计不到要受穷。

一分精神一分财，十分精神过起来。

门槛后面栽萝卜，娶了媳妇赛婆婆。

老猫床上睡，一辈传一辈。

恶使三年，善使一辈子。

远怕水，近怕鬼。

有钱不盖东西厢房，冬不暖夏不凉。

桑枣杜梨槐，不入阴阳宅。

好过的年，歹过的春。

撒谎瞒不了当乡人。

二、民间歌谣

民间歌谣历史久远，人类繁衍生聚、悲欢离合、喜怒哀乐无一不有歌谣伴随。大兴的民间文学中的民谣具有强烈的时代气息，随着时代的变化不断加入了新的内容。如：解放以前对于行业有歧视内容的："家有二斗粮，不当孩子王""车喝子店脚牙，没罪也该杀"。解放初期反映贫困生活的"有闺女不嫁内关庄，冬天砸瓜子，夏天背草筐""家有二斗谷，不去佟家务"；以及到后来的："村看村户看户，党员看干部""要想富，少生孩子多种树"等时代特点显著的民谣。童谣是歌谣中最重要的一项，有很强的节奏感，读起来朗朗上口，易记易唱。孩子们配上简易玩具，如猴皮筋、绳索就可以边唱边跳，既增添知识，也锻炼了身体。

（一）儿童歌谣

新年到：新年到，放鞭炮，噼噼啪啪真热闹。挂灯笼，踩高跷，包饺子，蒸年糕。奶奶笑得直揉眼，爷爷乐得胡子翘。

五指歌：一二三四五，上山打老虎。老虎没打着，看见小松鼠，松鼠有多少，让我数一数，数来又数去，还是一二三四五。

小小子儿：小小子儿，坐门墩儿，哭哭啼啼要媳妇儿，要媳妇儿干吗呀？点灯说话儿，吹灯就伴儿，到了天亮梳小辫儿。

小白兔：小白兔，白又白，两只耳朵竖起来，爱吃萝卜爱吃菜，蹦蹦跳跳真可爱。

小耗子上灯台：小耗子，上灯台，偷油吃，下不来，叫奶奶抱猫来，得儿，跑了。

拉大锯：拉大锯，扯大锯，姥姥门口唱大戏，接闺女、接女婿，就是不让小外甥去，不让去，也得去，光着脚丫追上去。

小板凳，四条腿，我给奶奶嗑瓜子，奶奶嫌我脏，我给奶奶做碗汤。

锔盆锯碗锯大缸，缸里有个小姑娘，多大了，十五了，到年该娶了。

（二）民谣

天上下雨地上流，小两口儿打架不记仇。白天吃的一锅饭，晚上睡觉枕的是一个枕头。

从南京到北京，买的没有卖的精。

家有二斗谷，不去佟家务（读福）。

有闺女不聘南北里渠，不是打草，就是放驴。

能过黑龙江，不过东西芦各庄。

金安定，银马坊，铁打的高家店。

村看村，户看户，党员看干部。

要想富，少生孩子多种树。

要想死得快，就买“一脚踹”（摩托车）。

春熬硝，夏打草，秋天捞鱼冬天跑，今年盼着明年好，明年还是那件破棉袄。

三、歇后语

歇后语是我国人民在生活实践中创造的一种特殊语言形式。它一般由两个部分构成，前半截是形象，像谜面，后半截是解释、说明，像谜底，十分自然贴切。在一定的语言环境中，通常说出前半截，“歇”去后半截，就可以领会和猜想出它的本意，所以称它为歇后语。歇后语是熟语的一种，相对于成语、谚语而言，用字比较通俗、口语化，富有鲜明、生动、活泼的特点，有时语带相关，更添几分幽默，因此较容易引起人们的兴趣。我们除了可以把歇后语视作一种文字游戏外，也能从歇后语看出生活文化。歇后语是我国民间流传得最广的传统语言文化之一，它集诙谐幽默于一体，集中反映了我国劳动人民的聪明和才智。歇后语最大的特点是谐音和比喻，如“泥菩萨过江——自身难保”“擀面杖吹火——一窍不通”“外甥打灯笼——照旧（舅）”等一些脍炙人口的歇后语。歇后语的另一个重要特点是会意，通过会意后再进行概念扩充和延伸，如“丈二和尚——摸不着头脑”“黄鼠狼给鸡拜年——没安好心”等。大兴的歇后语从内容看，乡间农耕生活居多，诙谐幽默，非常有趣，读了之后往往能令人开心一笑。

庞各庄的西瓜——远近闻名。

十冬腊月的萝卜——冻（动）心了。

老鼠拉木锨——大头在后。

西瓜皮擦屁股——没完没了。

劁猪拉耳朵——两头疼。

刘备摔孩子——收买人心。

张飞吃豆芽儿——小菜儿一碟。

武大郎放风筝——出手不高。

武大郎盘杠子——上下够不着。

猪八戒败阵——倒打一耙。

猪八戒照镜子——里外不是人儿。

猪八戒摆手儿——不伺猴（候）儿。

二郎爷放屁——神气儿十足。

老太太牙——稀里活动（糊涂）。

老太太吃柿子——嘬瘪子。

老太太上鸡窝——奔（笨）蛋。

第四节 大兴民间文学主要特征和重要价值

一、大兴民间文学的特点

（一）大兴民间文学有着鲜明的地域性、历史性、真实性

大兴民间文学有着鲜明的地域性、历史性、真实性，涵盖广泛。传说故事虽具有强烈的神话色彩，但随着讲述者身份的不同，也加入了强烈的

感情色彩，表现了广大人民的喜怒哀乐。人们借助这些故事歌颂正义、歌颂善良、歌颂勤劳和勇敢，同时也对一些社会上的丑恶现象进行揭露和批判。在民谣、民谚方面则既有生产生活知识，如："庄稼一枝花，全靠粪当家""瓜到立秋，大小一起揪"。也有生活经验的总结，如"鱼生火，肉生痰，萝卜白菜保平安""有钱不盖东西厢房，冬不暖夏不凉""桑枣杜梨槐，不入阴阳宅"等。

（二）大兴的民间文学具有强烈的时代气息

大兴的民间文学具有强烈的时代气息，是研究大兴人民生产生活、社会现状以及民间风俗演变的重要的第一手资料。

（三）大兴民间文学内容丰富、种类齐全

大兴民间文学内容丰富、种类齐全，是非常重要的非物质文化遗产，但由于社会的发展和经济大潮的冲击，同时缺乏相应的保护措施，没有对民间文学进行搜集和整理，致使许多有价值的故事、传说、掌故随着讲述者的去世而消失。一些民谣、谚语随着时代的发展而逐渐湮灭。

二、主要特征

（一）口头性

用口头语言创作和传播是民间文学的一个主要特征。在过去漫长的历史时期，广大劳动人民不能使用文字，他们只能用口头语言去构思、表现和传播。现在，大多数人已经认识文字，但不少的场合，他们仍然要用口头语言歌咏或讲述广大人民熟悉的、千百年来民间传承的文学形式，如故事、歌谣等。

（二）集体性

民间文学作品，是群众的集体创作。所谓集体创作，既包括作品内容的思想、感情和想象，在形式和艺术表现以及作品的所有权等诸方面，更包括整个创作和流传的过程。有些作品，在不断地传唱或讲述过程中，受到无数唱述者的加工、琢磨，所以，民间文学作品一般无法署名。有一些民间文学作品，经群众中具有优秀才能和丰富经验的歌唱者、说故事人的加工，具有了一定的个性，但其个性是能够与广大群众口头创作的集体性融合在一起的。

（三）变异性

由于口头语言的不稳定性，民间文学作品在流传和讲唱的过程中，常常因时间、地域、民族的不同以及传播者的主观思想感情和听众的情绪变化等因素，有所变异。这种变异在语言方面是经常的、大量的。其他诸如作品的情节、结构、人物甚至主题也都会发生变异。民间文学的变异性蕴涵着所经过的历史、社会和传述者的思想、才艺的因素。这种特征是口头性、集体性所产生的自然果实。

（四）传承性

民间文学同风俗习惯一样，一般都靠行动、语言传播和继承。这种群众集体传承的文化具有不可低估的生命力。我们现在有些故事或谚语，在两千年前就被文人记录下来，直到今天，还能够以相同或相似的形式活在人们的口头上。

民间文学的表现媒介是应用最普通和最生动并富于活力的口头语言，只要语言存在，民间文学就会继续产生、存在和传承下去。

（五）直接的人民性

在衡量文学的价值时，往往提出“人民性”的概念，在这个意义上，人民的口头创作有它的巨大优越性。民间文学的作者是历史的创造者，又是它的见证人，作为文学艺术重要内容的广大人民的社会生活、斗争、思想、感情和希望等，他们是亲身的体验者。因此这种人民性被称作“直接的人民性”。具有优越的人民性的民间文学，内容相当广阔，它蕴藏和放射着人民的英雄主义、爱国主义、乐观主义、人道主义和献身精神等崇高思想和美德。民间文学不仅表现了人民的痛苦和希望，也表现了他们典范的人格和崇高的品质。

三、重要价值

（一）史料价值

传说不是历史，但有历史价值。大兴民间传说在某些方面弥补了史料的不足。在史料中，大兴秦时建制，金时得名。但具体情况十分简单，没有相关的记载。考古发现在20世纪以前只有辽金墓葬，以前则没有相关的实物证明。但在大兴民间，特别是南部地区广泛流传着刘秀走国的系列故事。著名民俗专家刘铁良先生指出，大兴是刘秀走国故事出现的最北端。这一系列故事发生的年代是东汉初期，但在史料典籍中没有相关的记载。近些年相继发现了安定大渠古汉墓、黄村镇三合庄汉墓群，从一个侧面证明本地区在汉代就有大量的村落出现。此外，广阳城系列传说中的广阳城，在史料中是这样记载的：大兴最早属于蓟县，隶属于广阳郡。据《水经注》记载，秦始皇二十五年（前220）设置广阳郡，治蓟县，故城在今北京市西城区广安门一带。秦二世元年（前209），陈胜、吴广首义反秦，上谷卒史韩广占蓟城，自立为燕王，郡遂废除，改称广阳国。汉高祖刘邦设燕国，汉武帝元狩六年（前117），封皇子刘旦为燕王，设置为燕国，定都蓟。昭帝元凤元年（前80），燕王刘旦反，国废除，改为广阳郡。在今房山区良乡还保留有一处地名，就叫广阳城。据北京市文物局2008年资料，广阳故城位于广阳镇东广阳村。1982年在庞各庄东安定附近出土八面经幢一块，是金明昌五年（119）右班殿直广阳镇商酒兼烟火督监李之问为其母所建。

关于广阳镇的消失是一个未解之谜，在民间故事中较为流行的有这样3种：

一是比较迷信的说法叫名字犯冲。这种说法的理由是广阳城周边的村子分别是天狗院、狼虎庄、四狗庄。试想，这广阳的“阳”字与“羊”字是同音字，羊儿哪能与虎、狼、狗长期共存？所以遭灭亡的必定是羊！这种说法虽然带有一些迷信色彩，但历史上这种“犯地名儿”的事却也不乏其说，最著名的应该数《三国演义》中西蜀的副军师庞统，又名凤雏，在西征的过程中命丧“落凤坡”。广阳城消失后，这三个村的名字先后改叫天宫院、狼各庄、四各庄。

二是民众的解释。当地老百姓都说这广阳城里的达官贵人奢靡无度，道德丧尽，以至于天怒人怨。这个可以理解，一个不大的小镇，有那么多烧锅，经济应该是非常富足的；再加之是以酿酒为主，喝酒人酒后无德的事情也在所难免。于是上天又是下大雨、又是让永定河发大水，外加地震，把这个纸醉金迷之城给消灭得无影无踪。

三是可能的原因。一说地震，从元代开始至清末，此地区先后有过数次地震。

考察广阳镇所处的位置，毁于洪水该是最合理的解释。大兴地处永定河冲积平原，地势平坦，只要永定河发水，大水就会在这里肆意奔流。至今，南海子湿地、龙河、凤河、天堂河都是永定河泛滥后留下的遗迹。从元代开始到清末，大兴共发生大的洪灾 22 次。在大自然这么多次的蹂躏面前，一个没有任何防御措施的广阳镇还怎么可能保留下来呢？或许广阳城随着永定河水的咆哮永远消失了。在大兴区的考古工作中，经常发现不同时期的古墓遗址重叠现象，这说明一个原有的人类社会在大自然的一场场洪水面前，瞬间被摧毁和掩埋了，然后一个新的社会出现了。

（二）文化认同

北京人认同北京，其根据之一是靠北京地方这个范围流传的传说。一个村子有自己的传说，但是外村人不一定知道，但是外村人进来以后或者说你外地客人来了，村里人会给你讲。正是因为有这样的互相往来，地方传说才越发有它的魅力。

一定意义上说，虽然传说在一定的地域范围流行，可是它恰好是一个地方和其他地方各种各样的人员的交往结果。这是关于传说被认同的一个基本道理。

（三）教化功能

故事的讲述还具有一定的教化作用，承载了一定的教育功能。例如，孩子们听着故事长大，不仅从故事中得到了娱乐，也从故事里面学到了生产、生活等各方面的知识。那些神奇瑰丽的精怪故事丰富了他们的想象力，启发了他们的思维，把他们带进一个奇妙的幻想世界；那些富于教育意义的历史故事，让他们体验了时代风云的变幻。

后　记

《新国门·文化大兴之优秀传统文化》（以下简称《优秀传统文化》）终于完成，深深舒了一口气，回望其过程感慨万千。

此丛书的编纂始于2018年，是列入大兴区委宣传部折子工程的项目，该项目由优秀历史文化、红色文化、馆藏文化、生态文化、创新文化5部分组成。其目的是将大兴的文化系统地梳理，助力于大兴的文化建设，对内对外树立起新国门之文化大兴的形象。优秀历史文化的撰写交给当时的大兴区文委落实。由于赵玉良同志自2005年开始，从事非遗保护工作，又是土生土长的大兴人，文委和文化馆领导便安排赵玉良来牵头完成这个课题。

接受任务后，赵玉良根据课题组要求，组建队伍、确定大纲。查找资料，搜集线索，这期间经历了大兴区文化委员会与大兴区文旅局合并为大兴区文化和旅游局，区委宣传部主管领导更换，大兴区文化馆领导更换等。领导换了，但对此项工作的重视程度不变，质量要求不变。

《优秀传统文化》原题为“大兴历史文化”，经过反复斟酌改为现在的优秀传统文化，这一改使工作的目标更明确了，传统文化的外延比较大，内容庞杂，有很多糟粕的、迷信的、消极落后的东西，是应该舍弃的。我们要挖掘和弘扬的是优秀的传统文化，是大兴地域文化的核心内容。

大兴位于永定河冲积平原，元明清三代为依郭京县，大兴的历史文化到底是什么，哪些是优秀的，围绕这个话题课题组进行了多次研讨。永定河文化、红色文化、非遗文化、京味文化，思路逐渐清晰起来。张友才是南海子研究专家，杨景波是红色文化研究专家，孙英才是地方文化专家，同时近些年我们与永定河文化研究会、北京学研究会、北京民协、北京联合大学等高校、学术研究机构保持着密切的关系。众人拾柴火焰高，有这些高手，支持我们对项目的完成充满信心。

走访、调研，采访永定河老河兵，到河北省廊坊市、永清县、固安县搜集资料，拜访大兴退休老干部……创作过程是艰苦的，收获是丰富的，庞各庄镇志作者赵景贤老人即兴唱起了永定河打夯号子，东黄垈吵子会会头老尹拿出了珍藏多年的的吵子会曲谱。王场村抗日战争期间的堡垒户后人指点给我们看当年革命干部藏身的地道。民乐专家陈树林先生将武吵子会的传统曲牌翻译成容易学习的简谱……

一方水土养一方人，一方人孕育一方文化。宝地大兴、历史大兴、文化大兴，大兴真的很了不起。

《优秀传统文化》终于完成了，因为时间仓促，许多优秀的传统文化还没有挖掘出来，因为水平有限，没能将大兴优秀的传统文化准确地表达。学无止境，课题虽然结题了，但对于传统文化挖掘工作不能停下，根深才能叶盛，优秀的地方文化是一个地区的金名片，弘扬优秀传统文化、讲好大兴故事，这是开始而不是结束。

本书课题组

2021 年 3 月